男孩为何要“穷”着养

现代家教丛书

男孩为何要“穷”着养

沧浪◎编著

中国妇女出版社

图书在版编目(CIP)数据

男孩为何要“穷”着养 / 沧浪编著. — 北京 : 中国妇女出版社,2015.2
ISBN 978-7-5127-1009-2

Ⅰ.①男… Ⅱ.①沧… Ⅲ.①男性-家庭教育 Ⅳ.①G78

中国版本图书馆CIP数据核字(2014)第292971号

男孩为何要“穷”着养

作　　者: 沧　浪　编著
责任编辑: 李志国
封面设计: 樊　帆
责任印刷: 王卫东
出版发行: 中国妇女出版社
地　　址: 北京东城区史家胡同甲24号　邮政编码: 100010
电　　话: (010) 65133160 (发行部)　65133161 (邮购)
网　　址: www.womenbooks.com.cn
经　　销: 各地新华书店
印　　刷: 北京中科印刷有限公司
开　　本: 170×240　1/16
印　　张: 20.5
字　　数: 247千字
版　　次: 2015年2月第1版
印　　次: 2016年12月第3次
书　　号: ISBN 978-7-5127-1009-2
定　　价: 35.00元

前言

“自古纨绔少伟男”。一直以来，“穷养儿”就是中国父母养儿的“金科玉律”。社会心理学家丹尼尔·克鲁格说：“社会对男人的期望值非常高，给他们造成了巨大的压力，这是有原因的。”和女孩相比，男孩将来要承担社会和家庭的双重压力与责任，面临的竞争也会更激烈，因此无论家境有多好，对男孩绝对不能宠，必须“穷”着养。

“穷”养男孩就是从小培养他们能吃苦、勇敢、坚韧、独立、有责任感、真诚坦率、机智果断的品质；就是要刻意使他们尝试生活的艰辛，从小磨砺他们坚强的意志；就是要让他们多经历风雨，多去实践，摔倒了自己爬起来，失败了重新再来。

“穷养”，才能促使男孩奋斗，激发他们的无限潜能，培养他们的责任心，让他们变得自信、自强、自立，从而更加适应这个充满竞争的社会。如此，才能成长为一个真正的男子汉，担负起社会和家庭的重任。

性别给了男人巨大的能量。因此，父母不要奢望把儿子教育得多听话、多乖巧、多温顺，而应根据男孩的天性给予他们正确的教育和引导。男儿如石，让他们多受点儿穷，吃些苦，才能磨炼他们的意志，锻炼他们的能力。男儿需要独立，让他们独立思考、独立决策，才能摆脱依赖性；给他们独立成长的空间，才能让他们学会按照一定的方式获得信息，尊重他人。

父母作为坚强的后盾及精神的指引者，要在儿子的身后给予他最多支持与信任，越早放手，越能体现父母对他最大的爱。什么都为孩子承担的父母是不负责任的，他们在不经意间剥夺了孩子成长的权利，当孩子有一天必须独自面对生活的时候，这种爱就成了影响他独立的杀手。

男孩要“穷”养，但并不是让他吃粗食，穿破衣，遭受不必要的折磨和痛苦，而是要像李嘉诚告诫儿子那样去激励他：我挣再多的钱，是我凭自己的努力得到的，你没有权利享受。男人只有努力奋斗，凭自己的能力去打拼，才能心安理得地享受。

本书结合国内外一些培养孩子的经典实例，彻底揭示了“穷养”的秘诀，详细说明了“穷”养男孩的意义，并从物质享受、挫折洗礼、自控能力、勇敢无畏、独立自主、学会负责、宽容大度、积极乐观、善良爱心九个方面，给家长提出了一些切实可行的建议和方法。

前 言

家庭是孩子的第一所学校，家长是孩子的第一任老师。家长不仅仅给予孩子生命，更无时无刻不在影响着孩子的成长，塑造着孩子的未来。詹姆士·杜布森博士在《培养男孩》中写道：“作为父母，我们的目标就是把儿子们‘从不成熟、反复无常的少年转变为诚实而有爱心的男人；他们尊敬父母、尊重婚姻、信守承诺，是果断有力的领袖、优秀的劳动者，保持着健康的男性气质’。”

本书自上市以来，与《女孩为何要“富”着养》一起，在当代独生子女为主流的时代背景下，掀起了一股关于当代孩子如何教养的理念旋风，并已经渗透到各种场合、各个领域，成为现代家长不可回避的话题，而关于这个话题的一些趋向性看法，似乎也已成为当下人们必知的常识。

时代是发展的，观念肯定也会随着时代的变化而变化。为了更好地让读者感受这个观念的时代性和趋势性，我们又对此书作了一些必要的修订。

希望本书能帮助每一位爱孩子的父母认识到，再富不能富孩子，并学会让孩子体验生活的艰辛，尊重他人，孝敬父母；让您的孩子在习惯、气质、品格、学习、社交等方面得到长足的发展，从而把孩子培养成一个性格坚强、勇敢果断、自信自强、不怕困难、豁达乐观、宽容大度的男子汉。

目 录

目　录

第一章

受“穷”才能成大器——男孩为何要“穷”着养

“穷”养男孩的真正内涵

“男孩‘穷’着养，女孩‘富’着养”是在中国流传很久的一句教子格言，这句格言如此根深蒂固，一定有它的道理。那么，男孩为什么要“穷”养呢？对这种传统的教育理念我们该如何理解，“穷”养男孩又有何深刻的道理和内涵呢？这无疑是每位男孩家长应该仔细思量的事。

对于男孩来说，无论是成长还是成熟，都需要自立自强，需要承担更多的责任，需要面对更大的困难，需要不懈的自我奋斗。可以说，成功男人的成长和成熟是一个不断挑战自我的过程。也许，好多人认为“穷”养男孩，就是控制孩子的花销，不要给他太多的享受，以免惯坏他。这样的理解较为片面，和我们所说的“穷”养有一定区别。我们认为“穷”养男孩更重要的意义在于通过对“穷困”和“艰苦”的切身感受，在意志，品质，性格，心态的磨砺、锻炼和培养等方面给孩子带来全面提升自己的机会。

如果没有这样一个过程，男孩极易养成挥霍的习惯。这样，他们就会贪图享受，脆弱无能，不负责任，不知人间真情。就像有的城市小学生听说农村有孩子吃不饱饭，竟吃惊地问：“饿了为什么不吃巧克力？”这样的男孩日后怎能面对生活的考验，他们迟早会被社会所淘汰。

古话说：“艰难困苦，玉汝于成。”男孩要成才，只有不回避“艰难困苦”，方能“玉汝于成”。让男孩过早地亲近“富”，远避“穷”，看似爱之，实则害之。所以，一定要让男孩在必要的“穷”和“苦”中得到锤炼，要让他们以艰苦奋斗为荣，以骄奢淫逸为耻。

亚洲首富李嘉诚一直坚信“富儿要‘穷’养”的道理。李嘉诚深信，教孩子学会自立自强，学会为人处世，比给他金山银山要强百倍。李嘉诚在他的两个儿子李泽钜和李泽楷很小的时候就要求他们克勤克俭，不过奢华的生活。两个儿子小的时候，李嘉诚很少让他们坐私家车，常常带他们坐电车、巴士。

两兄弟在香港顶级名校圣保罗男女小学上学的时候，许多孩子上学都是车接车送，穿着名牌衣服，用着名牌物品，可两兄弟却经常和爸爸一起挤电车上下学。两个孩子很费解，经常闷闷不乐地问父亲：“爸爸，为什么别的同学都有私家车专程接送，而您却不让家里的司机接送我们呢？”

面对兄弟俩的质疑，李嘉诚都会笑着答复：“在电车、巴士上，你们能见到不同职业、不同阶层的人，能够接触过着平凡生活的普通人，那才是真实的生活、真实的社会；而坐在私家车里，你什么都看不到，什么也不会懂得。”

在一次上班的路上，李嘉诚看到一个小女孩正在路边摆地摊卖报纸，她还边卖报纸边捧着课本学习。于是，李嘉诚特意带他的两个儿子经过这个报摊，让他们看看小女孩认真工作、认真学习的态度，两个儿子因此也很受触动。时至今日，李嘉诚依旧表示：“以往百分之九十九是教孩子做人的道理，现在有时会与他们谈论生意，但也只有约三分之一是谈生意，三分之二还是教他们做人的道理。”

李嘉诚不仅教孩子勤俭节约，他还以身作则，在严格要求儿子们的同时，也时时刻刻严格要求自己。虽然李嘉诚在做公益事业的时候都是“挥金如土”“一掷亿金”，可他自己过的却是十分平淡、节俭的生活。直到今天，他手上戴的还是一块打工族戴的普通精工表，穿的还是十多年前的西装。李嘉诚住的房子，仍是1962年结婚前购置的深水湾独立洋房。这在当时，以李嘉诚的身份，确实“高档”了些。但现在，李嘉诚作为亚洲首富，住这样的房子就显得有些寒碜。他善待他人，宁可委屈自己。李嘉诚说：“如今我赚钱不是为了我自己，我已不再需要更多钱。”李嘉诚的所作所为，对于他的两个儿子来说，应该是受益一生的。

实践证明，李嘉诚的做法是英明的。正因为李嘉诚一直奉行“穷”养的教子原则，才成就了儿子自立自强、奋发向上的品格，使他的两个儿子成了亚洲商界的两条巨龙。

当然，我们这里所说的“穷”养男孩，并非要男孩吃糠咽菜，忆苦思甜，让男孩承受不必要的折磨和痛苦，而是要父母减少对男孩的娇生惯养、包办代替，让男孩从小多一些经历、多一些锻炼，培养他们坚韧、顽强的性格。概括起来，“穷”养男孩，我们主要可从以下几方面来理解和把握。

“穷”养内涵一：让男孩过“苦日子”。优越的物质生活是葬送男孩的第一杀手，会让他们滋生享乐主义、攀比之心等。因此，家长要控制好男孩的开销，必要的生活用品、学习用品的开支不能少，但如果孩子要买高档物品，去大酒店过生日，买新手机以满足自己的攀比心理，家长一定要慎重应允，更不能用拿名次、考高分来作为奖励的依据。

“穷”养内涵二：让男孩体验挫折感。温室里的花朵承受不了狂风暴雨的侵袭。“含在嘴里怕化，捧在手里怕疼”的爱子观，会促使男孩意志不坚强，心理承受力差，稍遇不顺心或挫折就走极端。

挫折会激发男孩勇敢无畏的精神，积极面对遇到的困难。作为父母，就必须让儿子遭遇“挫折”，鼓励其克服并战胜它。

“穷”养内涵三：让男孩学会独立生活。“衣来伸手，饭来张口”“万事包办”，这是教子的大忌。有的男孩上了大学还要每个月寄一包脏衣服回家让父母洗，这样的事让人匪夷所思，却在生活中真实地存在。这样的男孩长大后能接受社会的各种挑战吗？能适应社会吗？男孩长大后要接受各种社会挑战，小时候就要学会独立承担力所能及的事。家长不妨适当“偷个懒”，从孩子小的时候就有意识地让他自己穿衣、收拾书包等。生活自理、做家务、做饭、独立办事是人之必然！

“穷”养内涵四：让男孩适当受些委屈。男孩必须学会坚强，适当地受些委屈，就会对生活有更深刻的认识。儿子做错了事，家长要给予适当的批评和惩罚，哪怕让他受些委屈，这也不失为一种好的育人策略。这样的孩子，有过不同的情感体验后，逆反心理少、心理承受力强，能成大事。

“穷”养内涵五：让男孩学会承担责任。责任是男人肩头的“徽章”。敢于担当，不推卸责任，男人才更有魅力。所以，父母对男孩要从小进行责任心的教育，让他们未来能担起家庭和社会的双重责任，成为一个顶天立地的男子汉。

“穷”养内涵六：让男孩多点儿乐观和爱心。乐观的心态和善良的爱心，是优秀男人的必备品质。所以，父母要通过不同的方式、方法引导孩子，擦去孩子心灵的污垢，消除孩子心中的自私，让孩子成长为一个乐观开朗、善良真诚的人。

“穷”养内涵七：让男孩做事有始有终。孩子做事往往没有持久性，只凭“三分钟热度”，事情做一半就开始抱怨，不想再做下去。但凡事有始有终才能成功，半途而废终将一事无成。如果此时孩子不想继续做下去，家长千万不要同意其停下来，必须适当给予鼓励，督促孩子认真完成。如果有一次默许其半途而废，那么下次，再下次，孩子就会养成拖拉、不认真、有困难就放弃的习惯。

每位家长都爱自己的儿子，但家长一定要清楚，只有现在让儿子受“苦”，长大后他才会成为一个“富有”的人，成为真正的男子汉！

给父母“穷”养男孩的忠告

天下没有不爱自己孩子的父母，但在教育儿子上，爱有“小爱”和“大爱”之分。那种一味娇生惯养、宠爱儿子的做法，只能算是“小爱”，而那种“穷”养儿子的做法，才是真正的“大爱”。大爱无疆，男孩只有在这种教育下，才能成长为健康快乐、优秀卓越的男人。

舍不得让男孩吃苦，将来他会更苦

常常有父母在想：“儿子还缺什么？给他买一个玩具枪呢，还是电动摩托车呢？”然而，很少有父母会想到孩子缺乏吃苦耐劳的精神。因此，很多孩子从小就养成了好逸恶劳的习惯，身体健康状况也每况愈下。试问，这样的孩子将来怎么能够适应社会？

2014 年 8 月，有关部门在一次新闻发布会上称，学生体质健康状况持续 20 多年下滑后，近年来出现了积极的变化，大部分指标止跌回升，个别指标甚至出现了连续上升的势头。但大学生体质健康状况下滑趋势依然没有得到遏制，大学生甚至在很多指标上不如中学生。据有关方面的专家称，怕吃苦、不愿参加劳动成为大学生体质健康状况下滑的主因。

在中国式家庭中，孩子是整个家庭的希望，很多长辈都会过分溺爱、袒护晚辈。“让孩子吃苦”的观念恐怕会让很多家长大跌眼镜。事实上，就一个人来说，吃苦耐劳是他的立世之本；就一个国家和民族来说，吃苦耐劳是立国之本和立族之本。没有吃苦耐劳的精神，孩子将来就难以面对竞争日益激烈的世界，所以父母一定要舍得让男孩吃苦，否则他的将来会更苦。

一对夫妇把儿子辛辛苦苦养大。儿子大学毕业后上了班，有了收入，父母就不再给他零花钱。可是进入社会的儿子不但要用好的、吃好的，还要追流行，钱根本不够花。最后，他对父母说：“如果你们不能给我提供一辈子的优裕生活，为什么让我从小就养成这种习惯？”

看了这个故事，每位家长都应该反思一下，自己家里有没有这种潜在的危机？这对夫妇极其溺爱儿子，表面看他们是“爱”儿子，结果却“害”了儿子。他们让儿子在成长中养尊处优，久而久之，习以为常。直到孩子走进社会时，才发现自己的收入根本养不活自己，从此生活在痛苦之中。父母不可能供养孩子一辈子，孩子的成长也只有一次，而且不可逆转。父母只有让孩子从小吃些苦，学会独立自主，懂得感恩和珍惜，孩子将来才能有幸福的生活。

在很多发达国家，家长都很重视对孩子进行吃苦教育。

在美国，南部一些州立学校特别规定：学生必须独立谋生一星期，学校才准予毕业。学校通过这种吃苦训练来培养孩子独立生存的能力。条件尽管苛刻，孩子却受益匪浅，家长对这项活动也全力支持。

在瑞士，父母从孩子小时候就非常重视对他进行吃苦教育，让孩子学会自食其力，以免将来成为无能之辈。瑞士有德语区和法语区，家长会让成年的孩子到不同语言的家庭去做工，这样既能锻炼劳动能力，又有利于学习语言。

在日本，“除了阳光和空气是大自然的赐予，其他一切都要通过劳动获得。”这是父母教育孩子的座右铭。他们鼓励孩子在课余时间外出打工赚钱，通过在饭店做服务生，在商店做售货员，或是做家庭教师等来赚取零用钱。

在加拿大，为培养孩子的吃苦精神和独立生存能力，父母有意识地让孩子学习独立生活。有位父亲让上小学的儿子每天早上到各家去送报纸，孩子每天要早起，无论刮风下雨，都没有耽误过。

与这些国家的吃苦教育相反，中国的父母生怕自己的孩子吃一点点苦。很多孩子从小就泡在“蜜罐”里，根本不知道什么叫吃苦，以致他们上大学后仍然无法独立生活。有些家长抱着这样的心态：我们年轻时已经吃了很多苦，绝不能再让孩子像我们一样吃苦。也有些家长发现孩子吃不了苦，对孩子的未来感到担忧。于是，他们想对孩子进行吃苦教育，比如，把孩子带到贫困的农村小住，或让孩子去夏令营进行吃苦锻炼，但往往事到临头，又下不了狠心。孩子没有体验到吃苦的感受，因此不懂得珍惜。

其实，让男孩吃点儿苦是对他的毅力和生活能力的一种磨炼，不能吃苦的孩子很难对现实有深刻的认识。对孩子适当进行吃苦教育，是一种“大爱”的表现，是对孩子负责的表现，是有助于孩子成长的表现。“嚼得菜根，百事可做。”为了能让孩子健康成长，全面发展，父母应该鼓励孩子从小树立不怕吃苦、敢于吃苦的信念，让孩子经受更多的锻炼。

今天的孩子所面临的是一个处处充满竞争的市场经济社会，优胜劣汰是普遍的现象，每个人将来都要站在竞争的第一线，面临生死存亡的严峻考验。在这种情况下，缺乏吃苦的精神，没有拼搏进取的意志，没有坚忍不拔的毅力，单凭知识和智力是很难在激烈的竞争中取胜的。

培养孩子的吃苦能力，可以从日常生活中的小事做起，如让孩子自己做自己的事情，帮父母做一些力所能及的家务，等等。孩子在做事时可以体会到父母的辛苦，能够增强孝敬父母的情感。孩子在锻炼的过程中，真正参与到现实生活，真正感受到生活的不易，才能发现自己生活的珍贵，才能明白幸福生活要靠自己努力才能得到。

哪位家长都不可能终生跟随孩子，更不可能照顾孩子一辈子。现在舍不得让孩子吃苦，孩子得到的知识和经验就少，将来吃的苦可能就更多。所以，父母要及时引导孩子学习生存的本领，让孩子掌握独自开拓未来的能力。

强调让孩子吃苦，也不是说孩子吃的苦越多越好，更不是说吃的苦越多学习就越好，而是提醒父母不要刻意去避免孩子受苦。很多家长只把孩子读书看作学习，没有把做其他事情看作学习。对于孩子来说，经历的所有事情其实都是学习。经历的事情越多，学习的机会就越多。如果父母怕孩子吃苦，自己帮忙把孩子的事情都做了，就等于让孩子失去了学习和自立的机会。

当然，家长爱孩子也是值得大力提倡的。在爱的呵护下成长的男孩，更能感受到家庭的温暖，这有益于他的身心健康。总之，家长越是爱护孩子，就越要对孩子进行全面教育，尤其是要加强吃苦教育。当今的社会竞争越来越激烈，如果现在不抓紧时间对孩子进行吃苦教育，他们在以后的升学、就业等竞争中，遇到挫折就有可能会郁郁寡欢、偃旗息鼓、一蹶不振。如果真是这样的话，别说干一番大事业，就是在社会上立足也会是个问题。

给父母“穷”养男孩的忠告

中国有句很古老的谚语：“一粥一饭，当思来处不易；半丝半缕，恒念物力维艰。”俄国文学大师托尔斯泰也说：“一个吃苦耐劳惯了的人就不可能不幸。”他认定：吃苦是获得幸福的源泉。父母舍不得让男孩吃苦，将来他会更苦！教给男孩吃苦耐劳这个美德，是留给他们一项比万贯家财还重要的资产。

用“苦难”教会孩子生活

男孩要在未来的生活和社会竞争中取得成功，不仅需要掌握各种科学知识和职业技能，还要有肯吃苦、负责任的精神。男孩的天性让他们从襁褓期开始就会心安理得地接受挫折，也不喜欢坦然接受他人的帮助，但由于父母的娇宠和溺爱，很多在富裕生活中成长的男孩都受不住挫折，依赖心理特别强。

男孩将来不仅要承担家庭的责任，社会责任和压力也与日俱增，他们要面对学业、婚姻、工作及家庭等社会和人生课题。每个人的人生都不会总处于顺境，更多的时候是处于逆境，孩子能不能吃苦在很大程度上决定了他人生的成败。所以，父母即使再富有，也要对儿子“穷”着养，不要让富裕的生活毁了儿子。

越是生活在优越环境中的男孩，越需要锻炼吃苦的精神。父母应该制造“打工挫折”“社会磨炼”“家务锻炼”等种种吃苦的氛围，提升男孩的心理承受能力。古语云："嚼得菜根，百事可做。"只有让男孩吃些苦，才能造就孩子卓尔不凡的才能，使其适应将来竞争激烈的社会。

德里克•巴顿是英国著名的有机化学家，他的主要贡献是研究有机化合物的晶体结构和络合物分子复杂的空间三维结构。由于对发展立体化学作出了巨大贡献，他于1969年获得了诺贝尔化学奖。

巴顿生于富贵人家，自小母亲就对他十分溺爱，家里的仆人也都对他唯命是从，久而久之，小巴顿便养成了任性妄为的性格。值得庆幸的是，他有一位非常严厉的父亲，这使他免于在错误的道路上越走越远。

小巴顿到了读书的年龄，父亲准备送他去学校。但母亲害怕他受不了苦，便想为他请一位家庭老师。父亲却严厉地拒绝了，说道："想想那些请不起家庭教师的孩子吧！我们为什么要给他这样的待遇？"

小巴顿被送到学校后，很快就感到不适应。他就读的学校是当地一所最普通的小学，不但桌椅都很破旧，而且更让小巴顿受不了的是，这里的老师和同学们不仅不像母亲和仆人那样娇惯他，还经常批评他、排斥他。小巴顿向母亲求救，心疼孩子的母亲便以学校对小巴顿有偏见为由，再次向小巴顿的父亲请求邀请家庭教师来辅导孩子。然而，父亲再一次严厉地拒绝了。他说："孩子越是不能适应集体生活，就越是要培养他这方面的能力。你难道打算一辈子照顾他，一辈子让他过着寄生虫一般的生活吗？"母亲虽然不甘心，但拗不过父亲，只得作罢。

父亲认为巴顿骄纵、任性的个性与母亲的溺爱有很大关系。所以，为了让他彻底摆脱家庭的负面影响，决定把他送到寄宿学校去，让他在那里经历锻炼。父亲为他选择了一所执行严格的军事化管理的寄宿学校。刚开始，小巴顿每次都对来探亲的母亲又哭又闹，希望母亲能把他带走。但是，父亲却对自己的决定没有丝毫的动摇。他对巴顿说：“你越是受不了这里的生活，越证明你有必要过这样的生活。为什么别的孩子能受得了？孩子，你在优裕的生活中过惯了，这样对你的成长非常不利。只有让你吃点儿苦，才能磨炼你的意志，改掉你的坏习惯。”当时，小巴顿对父亲简直恨之入骨。

不过，寄宿生活的确使小巴顿学到了很多东西，得到了很好的锻炼。后来，巴顿在回忆这段往事时，不无感慨地说：“感谢上帝给了我一个严厉的父亲，否则我很可能一无所成。”

作为男孩，如果在他小的时候不能吃苦，没有摔倒了再重新站起来的勇气和毅力，将来他怎样在这个社会上生存？如果男孩离开了父母的呵护就无法生活，那他将来怎样去跟别人竞争？在孩子需要父母的帮助才能完成事情时，父母不给予帮助，这是父母不尽职。然而，当孩子有独立完成这件事的能力时，做父母的就应要求孩子独立完成这件事，让他适当吃些苦头。看到孩子吃苦，家长也许会很心疼，这是人之常情，但心疼也不能凡事代劳，只有让孩子早日独立，这才是大爱、真爱。

让男孩吃点儿苦是对他的毅力和生活能力的一种磨炼，没吃过苦的男孩很难对现实生活有深刻的了解。对男孩进行适当的吃苦教育，是一种“大爱”的表现。因此，明智的父母应该让男孩从小吃点儿苦，这样将来他才懂得怎样生活。

在发达国家，人们生活富裕，但大多数家长对孩子要求甚严。

他们信奉“再富也要‘穷’孩子”的道理，对孩子的生活保持低标准，不鼓励孩子纵欲使性，以磨砺孩子的意志，不让他们堕落成只会享受的庸才。他们知道娇生惯养的孩子缺乏自制力和独立生活的能力，长大后难免吃大亏。孩子长大后总要离开父母，独自闯荡自己的天地，与其让他们面对挫折时惶惑无助，还不如让他们从小就多受受苦，从而学会应对人生的能力和本领。

随着物质生活条件的改善，加上趋甜避苦是人的天性，一些家长对吃苦教育认识理解并不那么深刻，在教育孩子上往往表现为“四过度”——过度宠爱、过度保护、过度照顾、过度期望。孩子要什么就给什么，零花钱从来不断，生活上还照顾得无微不至，生怕孩子吃一点儿苦。这导致了大量唯有依靠父母才能生存的“啃老族”、弱不禁风的“花朵孩”的出现，催生了“我爸是李刚”这般“骄横儿”、“谁敢打110”这般“跋扈弟”的“问世”。这样养大的孩子不知道每一粒米来之不易，也不知道如何料理自己的生活，将来如何自立于社会？今天的呵护难以遮蔽明天的风雨，如果父母不让男孩从小吃点儿苦，受点儿穷，将来他也难以为自己打拼出富足的生活。这些问题都说明，吃苦教育的缺失如果不及时补正，对家长的期盼、孩子的健康成长、社会的进步都将是沉重的打击。

因此，再富也要苦苦孩子。在日常生活中，让男孩对自己的事情负责，独立完成起居、打扫房间、整理物品等日常事务；在学习过程中，让男孩独立思考，独立完成作业。同时，父母要有意识地设置一些难题，让孩子学会在挫折和逆境中生存的能力。另外，父母要做孩子吃苦的榜样。很多孩子没有吃苦精神，不能独立，没有责任心，与父母的言传身教有很大关系。

对男孩进行吃苦教育，也是教孩子更好地做人。孩子通过吃苦，就会体味到父母的艰辛和不易，更加珍惜所拥有的一切，自觉地努力学习。

给父母“穷”养男孩的忠告

人的一生不可能一帆风顺，总会遇到这样那样的艰难困苦和曲折坎坷。在男孩的人生基础阶段，让他们吃点儿苦，能磨砺他们的德行品质，升华他们的人生境界，增强他们的生存本领和对生活真谛的领悟。可以说，让男孩吃吃苦，是为他们将来的人生旅途走得平稳顺畅作加油充气、储能蓄势的准备。只有这样，他们踏入社会后才能在风雨人生中充分实现自身价值。

父母不能心太软，把所有问题都替孩子扛

父母如果心太软，对孩子的事情包办过多，就容易造就懦夫和懒汉。“播下的是龙种，收获的是跳蚤”，这样的教训数不胜数。只有放开手脚，让孩子自己在人生的海洋中去搏击，孩子才能经得住风浪，而不至于被淹没。不要帮孩子扛所有问题，走出替代的误区，这是现代家长必备的素质。

当孩子做不好事情或遇到困难时，父母应该及时鼓励，而不是代劳。可是有些家长往往不能明智地对待孩子，他们处心积虑，唯恐照顾不周；宁愿自己受苦，不愿孩子受累。一所学校对学生进行“在家是否做家务”的调查，竟然有三分之二的学生回答“爸爸妈妈不让我们做，怕我们做不好”。很明显，我们的父母对孩子代劳有余，鼓励不足，如此状态下的孩子不但四体不勤，而且受不得任何挫折和困难。

美国一对年轻夫妇带着6岁的儿子在郊外骑车时，儿子的自行车陷到了泥地里，父母只说了句“闯过来”就径直走了。儿子实在骑不动，只好慢慢推过去。当儿子满头大汗地赶上父母时，父母夸赞儿子：“非常好！你像个男子汉！”

在国内，学生小张考取了某名牌大学。可入学后，他不但无法换洗衣服，无法去食堂吃饭，更无法适应没有父母照顾的集体生活，无法在宿舍睡觉。入学不久，他就因为生活不能自理退学了。

美国家长看着孩子“受罪”却如此狠心，这在国内一些家长看来简直是不可思议。但不可否认，对比国内一些家长的做法，造就小张这样没有生活自理能力的大学生，美国家长的做法确实值得所有中国家长进行回味和反思。

联合国教科文组织21世纪教育委员会提出了新世纪的教育宗旨，要求受教育者学会求知、学会做事、学会合作、学会做人，还要学会生存、学会关心、学会发展，等等。该委员会认为教育的目的是要受教育者全面发展，既要学习掌握科学知识，又要学会做人；既要有扎实的文化理论功底，又要有多种能力和强健的体魄。21世纪对教育者提出了更高的要求，实施素质教育是发展的趋势。但能否顺利实施，实施效果如何，不在于孩子，而在于成年人，放到家庭教育中，就在于父母。如果父母不注意去读书、去学习，不注意提高自身的素质，那么对孩子的素质教育将是一句空话。

对比其他国家的孩子，中国孩子的表现让人触目惊心。生活中经常可以看到孩子类似的表现：每逢学校组织出游，恨不得把食品店都带上；上课忘带书本会理直气壮地埋怨“妈妈忘记了”；学校打扫卫生让家长去代劳；十几岁了从未洗过袜子和内衣；大学生入学由父母帮忙办理入学注册，安置行李；考取名牌大学的高分学生却因为生活不能自理而退学；等等。这究竟是为什么？就是因为中国的家长心太软，帮孩子代劳的事情太多。很多家长孩子有求必应，照料周到，无微不至；在日常生活中，不管孩子的大事小事，一律代劳，甚至孩子完全可以自己做的事情，也舍不得让孩子去做；更有甚者，干脆告诉孩子，只要学习好，什么都可以不做，什么要求都会尽量满足。这样培养出来的孩子，离开父母后甚至无法打理自己的日常生活，更不用奢谈对社会作出什么贡献了。

美国大富豪洛克菲勒的儿子一边在哈佛念书，一边还在码头开吊车打工挣钱。很多人认为外国家长的心肠太硬，太不尽父母责任，其实仔细想想，中国的家长心太软，帮孩子做了本应由孩子自己做的事情，最终的结果是什么？结果是养成了高分低能的孩子，他们生活自理能力差，做事优柔寡断，不了解社会，与人交往不合群，感情经不起挫折，甚至产生交际困难，不得不逃离社会。如此下去，中国的孩子怎么能够面对国内国际的激烈竞争，又怎么能够竞争得过心肠硬的外国家长培养出来的后代？

俗话说：父母疼孩子没够。不管是哪位父母，都心甘情愿地为自己的孩子服务，从小时候的吃喝拉撒睡，到长大后的升学、就业、成家立业，无时无刻不在替他操心费力。孩子小，有些事情自己做不了，这时父母帮忙做倒也无可厚非，但不分原则地替孩子扛起所有问题，包办所有事情，就不是爱孩子而是害孩子了。

因此，中国的家长也要心肠“硬”一些，让男孩早日长出独立的翅膀。每位家长在感叹“如今的孩子怎么了”的同时，也要反思一下。同时，还要捧起书本学习一些新的教育思想，改变一下头脑中旧有的教育观念。“养”孩子不单单是照顾孩子长大的意思，还要培养孩子独立自主的意识和能力，引导孩子学习基本的生活技能，让孩子在游戏中学会与人相处，与自然和谐相处。

给父母“穷”养男孩的忠告

孩子早晚都要脱离父母走向社会。因此，在教育男孩的过程中，父母应把培养孩子的自理能力放在突出的位置，让他们离开父母的庇护也能独立生活，也能解决生活中出现的各种问题。父母也应该认识到，让男孩学会自立、学会做人不是一件容易的事，更不是一个简单的过程，需要父母“狠”下心来，加强对男孩的吃苦教育，帮助他树立敢于吃苦的坚定信念。

让“蛋壳心理”远离男孩

如今，很多家庭中只有一个孩子。孩子一落地就受到家里所有人的关注。有的家庭里，长辈甚至会无条件地满足孩子的任何要求，让孩子感觉很容易得到物质享受，而不懂得什么是苦和累，不懂得什么是困难和挫折。孩子没有任何承受能力和心理应付能力，稍微受到一点儿委屈和打击，就会采取回避的态度，实施不当的行为，进而在自责中退让或放弃追求。这就是“蛋壳心理”的表现。

“强强，你醒醒，快告诉妈妈，你怎么了？你这是怎么了？”“强强……”

妈妈抱着强强拼命地喊着，她无论如何也想不到，儿子上重点中学还不到一个月，竟然会自杀。

强强是家里的独苗苗，从呱呱落地就受到爸爸妈妈无微不至

地照顾与呵护，爷爷奶奶更视他为掌上明珠。强强家的生活比较富裕，强强想要的东西，父母都会很快地满足他。爷爷奶奶对这个宝贝孙子更是要星星不给摘月亮，从来不让强强受委屈。强强幸福地成长着。

上学后，强强也很争气，整个小学阶段，每次期末考试都会捧回奖状，亲戚朋友无不羡慕强强父母有个好儿子，同班同学无形中也愿意围在强强周围。强强是个很要强的孩子，只要有考试，就想争第一。上四年级时，有一次考试前，强强病了一周，结果最后只考了第五名，拿到成绩单的强强大哭了一场。尽管父母都说这样的成绩已经很好了，但强强仍然不高兴。小学毕业考试时，强强的成绩很理想，顺利地考入了一所重点中学。

这所中学是强强心仪的学校，学校里都是来自各区的优秀学生。入学后，经过一段时间的适应，所有同学都进入了学习的状态。这时，强强忽然发现自己原来的优越感一下子全没有了，身边的同学都很优秀。课堂上，强强回答不出来的问题，总有其他同学好像不假思索就能说出答案；老师也不像小学的一样，目光在强强身上停留的时间少多了；开学的第一个月要选举班干部，结果强强也落选了；英语课上，老师让大家听写单词，强强只写对了一半；数学课上，老师好不容易叫到强强回答问题，他竟然说错了……

这一切让强强不断地怀疑自己，责备自己。他甚至觉得自己再也没有脸面见父母了，放学路过河边时，就……

幸亏有人路过，发现并及时救起了强强。

强强有着典型的“蛋壳心理”，强强的父母对他非常娇惯，他自从出生就在父母精心设置和安排的天地里，上学后又处在众人的羡慕和关注中。他受不了自己的学习比别人差，见不得别人比自己更优越。因此，上重点中学后产生的反差，让他不堪重负，自己给自己的压力让他最终走向绝路。其实，像强强这样意志薄弱的人，即使长大成人后，想在竞争激烈的社会中谋得一席之地，也会比登天还难。

具有“蛋壳心理”的孩子，在行为上一般表现为缺少自信，不能肯定自我，担心别人看不起自己。为了保护自己，他们在人际关系方面显得很孤僻，与人交往时易偏激、敏感甚至敌对，或是采取攻击、报复的行为去解决与别人发生的冲突。

儿童和青少年时期是孩子心理成熟与发展的关键时期，尤其是5～6岁和12～13岁这两个阶段，即小学入学前后和青春期。由于处在转折时期，自身成长的变化让孩子变得困扰和混乱，在心理上进行“自我统合”后，才会完成个体内部心理活动和外部环境的整合与适应。成功的“自我统合”会使人格得到健全发展，如果孩子的内部心理活动和外部环境表现为不平衡、不稳定，并且没能在外力帮助下，顺利地化解这些心理毒素，跨越心灵的危险地带，那么任何一根导火索都有可能把他推向深渊。导火索不同，孩子性格类型不同，事件爆发的时间、内容和方式也会有所不同。有的孩子会采取在别人或别的东西上施暴的方式进行泄恨，有的孩子会用自我伤害的方式以求解脱。

具有“蛋壳心理”的孩子往往难以正确认识自己，家长应该帮孩子的心灵寻找一个出口，不要让“蛋壳心理”成为孩子成长路上的隐患。父母对孩子爱的包围和爱的缺失，都易使孩子形成“蛋壳心理”。有些家长对孩子非常娇惯，帮孩子安排好一切事情，这样，当孩子独立面对生活，遇到打击和挫折时，他就会缺乏足够的心理承受力和应付能力。有些家长对孩子不闻不问，让孩子在心理发展的转折点独自面对生命中的打击和伤痛。没有成人的心理引导和关心，最终可能会酿成灾难。每个孩子的承受能力各不相同，但只要超出孩子的心理极限，“蛋壳”就会碎裂，造成意想不到的惨痛后果。

因此，家长应该从现在做起，培养男孩良好的意志品质，为孩子一生的成功奠定坚实的基础。培养坚强的意志要由父母引导，但关键还是靠孩子自身的努力。父母可以让孩子从生活中的每一件小事做起，如：

体会生活的艰辛，在家里适当地做些力所能及的事情。照料一盆花，每天浇水，定期施肥，定期观察花生长变化的情况。当花在孩子的精心照料下，茁壮成长，开出美丽的鲜花时，孩子会从中体会到，做任何事都要付出艰辛的努力。

自我激励，做好每一件事。对于孩子来说，行动的目的性和计划性通常不是很强，做事常常是有头无尾，半途而废。因此，要适时地鼓励孩子为自己加油，自始至终做好每一件事情。

在生活和学习中遇到挫折时，帮助孩子客观地分析受挫原因，再引导孩子以正确的心态面对挫折。如“这次虽然没得到名次，但比以前有进步了”；“我唱歌不行，可数学不错，要努力学习，争取参加奥数竞赛”；等等。孩子自己克服了困难，就能体验到成功的喜悦，增强克服困难的信心。

在遇到挫折时，每个人都有减轻压力、摆脱困境、寻求心理平衡的倾向，如果父母表现出乐观、积极的态度，为孩子树立榜样，就会影响并引导孩子直面失败，寻找解决问题的办法，主动将挫折转化为进取的动力，最后获得成功。

生鸡蛋的蛋壳一碰就碎，但只要经过蒸煮，壳就会变硬，和蛋白凝固在一起。心理脆弱的孩子需要经过一个备受煎熬的“煮”的过程，才能让意志得到锻炼。

给父母“穷”养男孩的忠告

不当的家庭教育，是导致男孩“蛋壳心理”产生的最根本原因。因此，与其为孩子安排好一切，不如教会孩子面对一切，这才是对孩子真正的爱。作为家长，应该在孩子蜜一般甜的生活中加一点儿苦的滋味，在孩子事事顺心的成长道路上“制造”一点儿挫折，让孩子学会在逆境中保持自信，学会在挫折面前保持乐观、泰然处之。

第二章

从来纨绔少伟男——不要给男孩太多的物质享受

物质奖励太多
只会让孩子更贪婪

为了让孩子好好学习，有的家长往往会想尽各种办法给予男孩各种物质奖励，比如，跟孩子许诺说：“如果这次期末考试你能考到第一名，我就带你去上海旅游，给你买游戏机……”家长觉得经常用物质奖励刺激孩子，孩子就更有动力达到目标。那么，物质奖励到底是不是越多越好呢？我们来看一看一位家长的诉说。

我的儿子林浩已经念初三了。他刚上小学一年级时，期末考试语文和数学各考了100分，我和他妈妈非常高兴，为了让他再接再厉，我就给他买了一把玩具枪作为奖励，小家伙当时高兴得欢蹦乱跳。

后来，只要林浩考试拿到优异成绩，我们就奖励他，已经成为一种习惯。但是，后来我们慢慢地发觉，孩子的要求越来越高，从刚开始的玩具枪已经上升到了MP4、手机等大价钱的东西，我们开始有了担忧。

后来，我竟然拿到了孩子写给我的一张“奖品清单”：期末考成绩优异，要求奖励一部平板电脑；如果能拿到满分，要求奖励一台笔记本电脑……我实在很难想象，假如孩子考到重点高中，不知他会提出什么样的奖励要求。

儿子还对我说，班上其他同学如果考到好成绩，家长都会给予丰厚的奖励。还有一个同学说，只要他明年考上了重点高中，他爸爸就奖励一部轿车。

我实在不知道怎么拒绝儿子的要求。别的家长都在提供优越的物质奖励，如果我们拒绝，孩子的积极性肯定会受挫。可是老给孩子高额的物质奖励，他的学习动机究竟会变成什么呢?

针对这位家长的困惑，儿童心理专家指出，适当的物质奖励是可以的，奖品可以强化孩子的某种良性行为，但奖励过繁可能使孩子养成无论做什么事都要回报的心态。尤其像帮忙洗碗给孩子几元钱的这种物质奖励更不可取，这样会让孩子觉得自己帮家长干活儿就为得到报酬，长此以往，孩子做事就会只求功利，跟大人讲条件，有奖励就做，没奖励就不做。以后，你让他帮忙取东西、扫地、擦桌子时，他就会向你要钱，他觉得这是自己应得的。

我们这里并不是说不给孩子物质奖励，而是物质奖励不能太频繁，奖励孩子还是以精神奖励为主，辅之以合理的物质奖励。针对这一问题，一位儿童心理学家曾经做过这样的试验：挑选一些喜欢画画的孩子，将他们分为两组。心理学家许诺A组的孩子：“如果你们画得好，就给你们奖品。”而B组的孩子则只是被告知“想看看你们的画”。过了几个星期以后，心理学家发现，A组的孩子大多不愿意主动去画画，而B组的孩子则很快把画画好了。可见，对于孩子来说，精神上的奖励比物质上的奖励对孩子更能起到激励作用。

这位儿童心理学家的研究还证明，随着孩子年龄的增长，物质奖励的比例应该逐步减少，精神奖励的部分应该逐步增加，这更有益于孩子的成长。因为出于生理本能，4 岁以下的孩子对物质奖励更敏感，也就是人们常说的“有奶就是娘”。而从四五岁开始，孩子的精神世界开始逐步丰富。六七岁的孩子已经有了自我成长的愿望。父母在这一时期，应该逐步增加对孩子的精神鼓励。

对于成长中的男孩来说，适当的物质奖励是不可或缺的。比如，当孩子考试成绩好的时候，父母可以给他买个漂亮的文具盒作为奖励，或是送一个小玩具，都能使孩子非常高兴。这些物质奖励可以迅速、直接地在精神上激发孩子的学习兴趣。

但是，有很多家长在给孩子物质奖励的时候，却走到了极端，一味地在物质上满足他们的所有要求，孩子要什么就给什么。这种极端的教育方式，是非常不科学的。

物质奖励对于男孩的成长来说，绝不是可有可无的东西，但家长对此一定要慎之又慎。物质奖励的目的在于让男孩积极进取、明辨是非。但这不同于一般的口头表扬，而是涉及物质方面。男孩的心智尚未发育完全，所以家长在对他们进行物质奖励时要掌握好其中的技巧和分寸，否则很可能会适得其反。如果父母对孩子的奖励总是停留在物质奖励这一低级、原始的阶段，最终可能会让孩子变得贪婪无比，逐渐发展成唯利是图的“小魔鬼”。

给父母“穷”养男孩的忠告

过多的物质奖励会使孩子产生沾沾自喜、自傲自大、忘乎所以甚至不思进取的心态，会使孩子变得非常贪婪。所以，家长千万不能给孩子过多的物质奖励，要让他们明白好条件是父母创造的，自己其实和其他同学一样，没有什么特别的地方。

教男孩自己挣零花钱

随着中国经济水平的逐渐提高，每个孩子手中的零用钱也渐渐富余。孩子的零花钱来得轻而易举，花得大手大脚，全然不知家长赚钱的辛苦。其实，父母手里的钱也是通过付出劳动和汗水得到的报酬，每个人想要得到什么，都必须有一定的付出。在家庭教育中，父母可以鼓励孩子自己挣零花钱。通过这种方式，让孩子知道赚钱的辛苦，改变乱花钱的习惯，学会控制自己的消费行为。

世界上规模最大、雇员最多，曾连续三年在美国《财富》杂志世界500强企业中居首位的沃尔玛公司，每天都在源源不断地创造着惊人的财富。拥有这家公司的沃尔顿家族则是世界上最富有的家族之一。然而，沃尔玛公司的董事长山姆•沃尔顿自身的简单以及对孩子的“勤俭”教育却与其所拥有的巨额财富形成了巨大的反差。

与同龄的孩子不同,老沃尔顿不给孩子们零花钱,并要求他们自己挣零花钱。孩子们四五岁的时候就开始帮父亲干活儿了。他们跪在商店的地上擦地板,修补漏雨的房顶,夜里还要帮父亲卸货。然而，即便是自己的孩子，父亲付给他们的工钱同其他工人一样多。罗布森•沃尔顿是沃尔顿家的长子,他在刚成年的时候就考取了驾驶执照,接着就在夜间向各零售点运送商品。罗布森·沃尔顿曾回忆说,父亲让他们将部分收入变成商店的股份,商店事业兴旺起来以后，孩子们的微薄投资变成了不小的初级资本。大学毕业时，罗布森·沃尔顿已经能用自己的钱买一栋房子,并给房子配备豪华的家具。

山姆·沃尔顿富甲天下，但他不愿意给儿子太多的零花钱，还鼓励孩子自己赚零花钱。很多家长可能会认为山姆·沃尔顿对自己的儿子太苛刻了，但事实并非如此，他鼓励孩子们工作挣钱，是为了让他们积累宝贵的人生经验，让他们体会到父母赚钱的辛苦，让他们明白只有付出才会有收获。孩子通过劳动赚钱，不但产生一种成就感和自立感，也为将来独立开创事业积蓄了知识和力量。

在国外，人们对不劳而获的人颇有微词，而对白手起家创造财富的人则会给予更多的敬重。可见，出身的显赫高贵与低微贫寒已不是人们自豪或者羞耻的原因，知识多寡、能力大小、成就高低才是评价的标准。真正的快乐在于创造财富而非拥有财富，家长爱孩子，就不能让他们坐拥财富，要让他们凭自己的本事挣钱花。大量事实证明，过早地给孩子太多金钱对他们的人格养成并没有好处。不让孩子坐拥财富，反而能让他们认真工作，并且远离吸毒、酗酒和游手好闲的混混生活。因此，父母应该创造条件，让男孩从小养成独立的精神，学会在奋斗中成长。

很多家长希望在有生之年能够为子孙留下更多的财产，却不知道大量的钱财会买断孩子一生的独立自主权，所以每位家长都要仔细反思一下传统观念中的金钱观。古语云：“君子之泽，三世而斩。”意思是前辈给后人的好处，到第三代就结束了。家长确实应该把培养孩子的自立精神和独立人格的人生课题提上日程。

在德国，家长一贯重视培养孩子“勤奋、正直、可靠、乐于助人、作风正派”的性格。父母把子女看作独立的个体，给他们空间，让他们独立地去完成自己应该做的事，从不包办孩子的事情。孩子一岁左右，父母就鼓励他们自己捧着奶瓶喝牛奶。随着孩子的年龄和能力的增长，父母会继续引导他们完成一些更难的事情。这样，当成年后进入社会时，他们就会有独立生活的能力。在英国，孩子们的零花钱几乎全部来自劳动所得。

钱财来得太容易，会让孩子不懂得珍惜，也感受不到其中的艰辛和荣耀，更谈不上自立地做人做事。美国中学生有句口号：“要花钱，自己挣。”中国的家长也应该多对自己的儿子进行引导，让他们在自食其力的行动中完善自己的独立人格。

给父母“穷”养男孩的忠告

男孩将来走向社会时最终要靠自己，父母要注意培养孩子自力更生的能力，而不是让孩子依靠父母过寄生虫生活。处处充满激烈竞争的市场经济社会，更要求家长对孩子说“要花钱，自己挣”。

杜绝男孩乱花钱的习惯

中国的家长实在是天底下最爱孩子的家长，他们对孩子的爱甚至丧失了理智，尤其在孩子之间的攀比热潮中，家长几乎起着推波助澜的作用。孩子要名牌运动服时，家长就省吃俭用以满足孩子的愿望，他们说是为了孩子；孩子要买手机时，家长说同学都有，不能委屈自己的孩子；孩子考取了好成绩时，家长更会高兴地倾囊而出，给孩子物质奖励；等等。

“为了孩子”好像成了一些家长生活的唯一宗旨，似乎生活的意义就是为了孩子。这样教育的结果是：孩子花钱大手大脚，从不会计划开支。久而久之，孩子还会产生对金钱的依赖性，失去自己应有的能力。有关调查表明，在所有未成年犯罪案例中，他们犯罪前的零花钱越多，去游戏厅、网吧、歌舞厅等“青少年不宜”场所的比率就越高。这些人中因抢劫、盗窃等与钱有关的罪行锒铛入狱的占到全部未成年犯罪的70%以上。他们之所以走上犯罪道路，在很大程度上是因为他们从小没得到良好的家庭教育，没有树立正确的金钱观。

一位母亲在痛心地反思自己对孩子的教育时说道：“孩子现在好吃懒做，成绩不理想，喜欢上网玩游戏，在高档商场花钱如流水……这都是金钱惹的祸。”可见，杜绝孩子乱花钱的习惯，引导孩子正确使用金钱，是父母义不容辞的责任。

一对年轻的父母带着刚上二年级的儿子去逛街。在一个繁华的路口，有一位老奶奶正在卖报纸。父亲从口袋里掏出10元钱交给儿子，让他去买10份报纸。儿子买回晚报，父母一起跟他商量：按原价把报纸卖出去，看看我们能不能很快卖完。儿子在父母的支持与帮助下，费了很长时间才把10份晚报卖出去。

之后，父母让儿子去问卖报的老奶奶，一份报纸能赚多少钱。孩子从老奶奶那里得知，卖一份报纸只能赚几毛钱。他算了一笔账，花了这么长时间才能赚几块钱，而且要费很多辛苦和口舌。“爸爸妈妈，我以后可不能随便花钱了，挣钱太不容易了。”儿子说道。父母肯定了孩子的想法，及时表扬了他。这个男孩后来很懂得节俭。

上例中的父母经过认真思考，采取了切实有效的方法，让儿子明白了赚钱的不易，他们是家庭教育的有心人。

现在，很多男孩不懂得节俭，乱花钱、随意浪费的现象相当严重。很多拿着压岁钱的中小学生请客、送礼、聚会、K歌……表现出来的那种比阔气的“成熟”让人惊讶。一位高二的学生寒假过后，刚一开学就频繁参加同学的聚餐，近千元压岁钱全部花光。当父母责备他乱花钱时，他振振有词地说：“我们班同学家境都太一般化了，同学聚会只能AA制。邻班的同学聚会才荣耀呢，有个同学的爸爸是大款，人家自己掏腰包请同学吃了一顿大餐。”现在的孩子不会挣钱，却越来越会花钱，而且丝毫不体谅家长的辛苦，这种现象不能不引起每位家长的深思。

孩子乱花钱，一方面是各种广告拼命地宣传吃好、穿好、用好，刺激孩子进行盲目消费；另一方面，家长出于疼爱“独苗苗”，便迁就孩子的各种行为。有时家长自身也会产生不合理的消费心理——攀比、从众、追时髦、喜新厌旧等。时代在变，人们的消费观念确实应该跟着改变。随着生活水平的不断提高，人们吃得更有营养，穿得更美，用得更可心，这是应该提倡的，但盲目花钱、随便浪费，永远都是坏事情。

新的时代里建立新的消费观念无可厚非，但应具科学性。人们的消费可以分为生存性消费、发展性消费和享乐性消费三种。生存性消费、享乐性消费不难理解，发展性消费是指为了人的身心健康发展、科学文化素质提高、事业发达所进行的消费。每个家庭的经济状况各不相同，对孩子如何消费才能更利于发展这一问题，家长要多用心、多动脑。以下三条原则可以进行参考：

1．要高效率地使用金钱，合理消费，用所当用；

2．消费应有利于孩子的发展，有利于孩子形成良好的品质、身体、心理、文化素质等；

3．要杜绝奢侈浪费、享乐主义。

帮助男孩克服乱花钱的习惯，可以从以下几点做起：

1．引导孩子正确认识钱的意义，让孩子从小懂得钱是什么，钱是怎么来的，怎样正确地对待钱财。对于年龄较小的孩子，联系实际生活进行讲解，多引用一些事例；对于年龄大的孩子，可以就钱的问题进行讨论。

2．教育孩子学会花钱。孩子的消费行为是由被动逐渐走向主动的。从小学低年级起，就要教孩子买东西，如何用钱，如何找钱，如何选择物有所值的商品。教孩子保管好钱，防止丢失、被盗。随着年级的升高，要让孩子学会先认真思考再花钱，并逐渐养成习惯，避免盲目消费。另外，也可以采取让孩子“一日当家”“一周当家”“记收支账”等方法，让孩子在实践中学习理财，培养节俭的品质。

3．帮助孩子学会积累。孩子手里的零用钱、压岁钱应按计划使用，适当积累。必需的东西选择买，可买可不买的选择不买，把钱存起来。让孩子在存钱、用钱的过程中，形成节俭的好品质。

4．教育孩子量入为出。让孩子明白，花钱的前提是有经济来源。每个家庭的经济情况不同，每个人花钱时都要衡量自己的支付能力。即便家里很有钱，也不能随便乱花。

5．教育孩子珍惜物品，不浪费。让孩子了解所吃、所穿、所用的东西来之不易，都是用汗水和心血创造出来的，随意浪费是不珍惜劳动果实、不尊重劳动的表现。带领孩子一起劳动，体会劳动的艰辛。

6．培养孩子节约的品质，首先要从家长做起。家长从认识到行为，都要给孩子做榜样，才会带动孩子养成节约的习惯。

给父母“穷”养男孩的忠告

家长在孩子花钱的问题上，一定不能心慈手软，而是要坚持原则，视家庭经济状况，把好孩子的消费关。对孩子花钱上的节制，并不等于克扣，而是酌情处理。引导孩子计划开支，合理花钱，让孩子从小懂得生活的艰辛和自食其力的重要性。

正确引导男孩的攀比心理

如今，学生之间的“攀比”现象已经屡见不鲜。孩子攀比的问题，责任主要在于家长。孩子没有工资收入，他们用来攀比花的钱，都是家长提供的。就算是孩子通过勤工俭学挣来的钱，如果是用在吃喝穿戴上，借以显示自己的阔气，也很可能是受家长价值观念的影响。因此，要正确引导男孩消除攀比心理，首先要家长端正自己的价值观念。

攀比心理是一种“人有我也要有，人好我要更好”的比较心理，它隐含着竞争、好胜的心理成分。攀比心理人人都有，只是成人能够理智地控制自己的攀比欲望，而孩子年龄小，缺乏是非判断标准和自制能力，只知道别人有的他也要有，父母不给买，就哭闹。如果一味满足孩子的攀比欲望，孩子要什么给什么，只会助长孩子的贪婪欲望和虚荣心理。当孩子的欲望膨胀到一定程度，家长无法满足他们的要求时，孩子就会产生受挫心理，甚至走上犯罪道路。因此，家长一旦发现孩子出现攀比心理的苗头，就要有意识地

引导孩子的攀比心理。

为了杜绝学生之间的名牌服饰攀比现象，现在学校都要求学生平时穿校服。外表上看起来大家没什么差别，实际上大家都在暗暗较劲，“吃要美味、穿要名牌、玩要高档”的奢侈风弥漫在中学校园。“非名牌不穿”几乎成为许多中学生追求的目标，尽管他们的家境并不富裕。中学生里流传这样一个穿衣标准：脚上穿阿迪的、衣服选耐克的、腰带选鳄鱼的，而一双货真价实的新款阿迪达斯运动鞋，价格通常在800～1000元。

据调查，购买名牌体育用品的学生中，高中生占52%，初中生占44%，而大学生和小学生仅占不到4%。中学生已经占据主力消费位置。王女士的儿子今年上高一，脚上穿的是耐克运动鞋，要800多元，身上穿的运动服是进口的，一件要999元。王女士说儿子指名要这种牌子，只有一个商场有卖，而且从不打折。

张先生的儿子学期结束前，对他说：“爸爸，现在期末了，如果我考试成绩提高了，能不能给点儿奖励？”为了鼓励孩子学习，他当时就顺口说：“只要成绩提高，什么都可以。”后来儿子说必须是一双名牌运动鞋。张先生认为儿子已经有很多双运动鞋了，都是名牌，并不缺鞋穿，所以希望儿子能许个别的愿望。可是儿子说什么也不肯，非让爸爸答应他这个条件。无奈之下，张先生和儿子约定，只要考试成绩提高，立刻兑现承诺。张先生很困惑地问儿子：“买什么样的鞋，花多少钱都无所谓，但你小小年纪就这样注重名牌，将来有可能健康成长吗？”

儿子告诉爸爸：“我有好多同学都穿耐克的衣服、阿迪的裤子，鞋子最起码也是李宁的。平时我们上学要求穿校服，只有穿一双比较高档的鞋子才能表现出我的个性，而且名牌球鞋多数是由大牌球星做代言，所以我更看重鞋。班里同学对鞋都很讲究，谁穿上新款，马上就能成为班上谈论的话题。我们班有40多人，大家几乎都有耐克、阿迪等名牌鞋，有的甚至有四五双，每双都要五六百元。我们班同学很多都戴名牌表，每人都有手机。如果谁不穿名牌，就会觉得没面子。”

张先生感叹：“现在的中学生穿名牌、讲品位，孩子真是养不起了。”但作为父亲的他仍然认为“再苦也不能苦孩子，宁可自己省吃俭用，也不能委屈孩子”。因此，他勒紧裤带，一次又一次地满足儿子提出的物质要求。

生活条件好了，在家庭条件允许的范围内，家长给孩子穿名牌、吃美食、花大钱上重点学校、配备专车接送孩子，这都无可厚非。但是，有些家长却喜欢“向钱看”，把金钱、名车、豪宅视为衡量成功的标准。孩子的心理尚未成熟，辨别能力较差，如果家长没能进行正确引导，发生孩子与人攀比的现象，责任主要还是在于家长。父母是孩子的一面镜子，是孩子人生的第一位老师，父母日常的言行举止和价值取向对孩子有很大的影响。

每位家长都应该从自身做起，给孩子树立榜样，正确引导孩子的荣辱观、消费观，正确引导孩子的盲目攀比心理。如果家庭条件允许，孩子完全可以穿名牌。如果家庭条件不允许，孩子盲目攀比，这绝对不能赞同，家长要坚决进行干涉，以免产生不良后果。

首先，父母不能总拿自家孩子和别的孩子作比较。有些家长出于疼爱孩子，不想孩子受半点儿委屈，别的孩子有的，自家孩子也要有。这种做法会让孩子形成错误的概念，认为别人有的东西他也应该有，无形中使孩子产生了攀比的念头。

其次，让孩子学会珍惜。通过读书、社会实践、做家务等方式让孩子了解生活的不易。虽然生活水平提高了，但仍有孩子因为家庭困难，生活质量较差，让孩子在比较中学会珍惜和感恩。

再次，通过摆事实、讲道理，让孩子懂得每个人的需求不同，自己有的东西，别人不一定要有，别人有的东西，自己也不一定要有。买东西的标准不是因为别人有，而是看自己是否需要。如果确实需要，再贵也买；如果不需要，再便宜也不买。

又次，对孩子不合理的要求家长要坚决拒绝。在孩子基于攀比心理提出不合理要求时，父母要在讲清道理之后给予回绝。如果孩子以哭闹相胁，可以采用冷处理的方法，孩子发现无法达到要求时自然会停止哭闹。切忌因为孩子哭闹心软，就同意孩子的要求，这种做法只会让孩子把哭闹当成与父母“斗争”的武器，对父母提出越来越高的要求。

最后，引导、利用孩子的攀比心理促进其发展。孩子与人攀比，说明他有竞争心理，父母可以引导孩子在学习、才能、意志力、好习惯、好品质等方面与其他人攀比，从而激发孩子的上进心，促进孩子各方面的发展。

给父母“穷”养男孩的忠告

男孩的攀比心理是男孩必经的成长阶段，要想“治愈”男孩的攀比心理，就像用药一样，重在对症，根据孩子攀比的原因来进行适当引导，让孩子正确面对小伙伴之间的攀比。如果男孩一味要求得到别人有的东西，盲目进行攀比，家长可以鼓励孩子通过一定的努力或劳动来得到，让孩子切身体会满足攀比欲望所需要付出的代价。

让男孩明白坐享其成是一种耻辱

现在大部分家庭结构都是“4+2+1”式的。在这样的家庭中，孩子处处享受特殊的待遇，如吃独食，把好吃的东西都放在自己面前，不给别人吃；懒惰自私，每个人都要为他服务，但他只顾自己的吃喝玩乐，从不关心其他家庭成员的想法。孩子在这种生活中逐渐习惯了享受高人一等的待遇，慢慢地就会变得自私自利，没有同情心，坐享其成，不以为耻，反以为荣。

因此，在家庭教育中，家长一定要注意不能事事以孩子为中心，不能给孩子搞特殊待遇，更不能什么都由着孩子，以免把孩子养成讲究物质享受、奢侈浪费、不懂爱也不懂感恩的纨绔子弟。正确的做法是理性地引导男孩认识到坐享其成是一种耻辱，并主动抵制这种行为。

周日的中午，爸爸妈妈有事，就把亮亮送到奶奶家。亮亮告诉奶奶自己想吃鱼，奶奶就去市场里买回鱼给宝贝孙子吃。亮亮在沙发上坐着看电视。奶奶在厨房里忙碌着，忽然发现酱油没有了，烧鱼是不能没有酱油的，可是火开着，自己走不开。于是，奶奶喊亮亮去楼底下买瓶酱油。喊了好几次，亮亮都装作没听到，照样津津有味地看电视。

奶奶有些生气了，走过来把电视关掉，让亮亮赶快去买酱油。“不去，不去，你自己不会买吗？我不去，你烦死了。”亮亮一边埋怨，一边推开奶奶，打开电视，若无其事地继续看。奶奶无奈，只好关了火，自己下楼去买酱油。奶奶边走边想：“这个孩子怎么这样懒啊？”亮亮也在心里嘀咕着：“奶奶真烦人，我正看《奥特曼》呢，她非要我去买酱油，还关电视，气死我了。我才不去呢，最后还不是自己下去买了？哼，奶奶总是这样，让我干这干那，烦死了！在我家里，爸爸妈妈从来不会让我做家务，他们都是告诉我学习好就行了，其他什么都不用管。奶奶既麻烦又啰唆，以后再也不来奶奶家了。”

亮亮的心理是很多孩子普遍存在的。父母对孩子从小过分关怀和事事都包办代替的行为，导致孩子有动手能力时，仍然习惯于坐享其成，不愿意付出一点点劳动和努力。父母总是担心孩子做家务活儿和体力劳动会影响学习或累坏，孩子因此没有从事体力劳动的机会，慢慢变得好逸恶劳，好吃懒做。

但是，成功的桂冠不会从天而降，掉到那些坐享其成、守株待兔的懒人头上；功夫不负有心人，成功的桂冠只属于那些锲而不舍、坚持不懈的人。一分耕耘才有一分收获，成功之花要靠辛勤的汗水来浇灌。从古至今，每个成功人士都会历经沧桑，但他们面对困难都是迎难而上、锲而不舍，为了理想奋发进取，最终取得了成功。

北京的一座过街天桥上，一大群人正围着一个跪在地上的男孩观望。原来这是一名大学毕业生，他到北京后，随身的生活费已经花光，也没找到合适的工作，于是在这儿行乞向人讨要回家的路费。在他的旁边用粉笔写着他的经历，还有一个喝水用的杯子，用来盛放路人施舍的钱。有位青年路过，问询后得知他学的会计专业，打电话给一个正需要会计的朋友，朋友说：“我倒是正好需要一个会计，但像他这样没出息的人，白给我干我也不要。”青年又建议他先去建筑工地找个活儿干，解决一下吃饭的问题，工作可以从长计议。谁知那名大学生说：“我是大学生，怎么能做民工做的体力活？”青年听到这话，本来想掏钱给他的手又缩了回去，头也不回地离去了。

这名大学毕业生一走入社会，就宁愿选择乞讨，也不选择用劳动来养活自己。就算他文化水平很高，但这种坐享其成的态度最终也会让他被用人单位拒之门外。

这个故事也提醒每位父母：要让孩子自己做自己的事情，别人的事情帮着做，不会的事情学着做。每个人的人生都不是一帆风顺的，一个习惯了坐享其成、养尊处优的孩子面对困难的时候怎么办？孩子总有独自去生活、工作的时候，父母不可能永远跟着，也不可能永远帮得上忙。让孩子自己去体验，去感受各种各样的生活，对孩子的成长才是最重要的。

父母努力挣钱为孩子创造更好的条件，本身就是给孩子树立了一个榜样。再富也不能让孩子有不劳而获、坐享其成的心理，要让孩子明白坐享其成是可耻的。父母可以适当教孩子理财，让他们知道父母的每一分钱都挣得不容易，让他们学会珍惜生活，并且积极地为生活打拼。

美国的家庭教育是以培养孩子富有开拓精神，使其成为一个自食其力的人为出发点的。父母让孩子从小就认识到劳动的价值，树立自立精神，让他们自己动手做家务，到外边参加劳动。即便是富豪子女，也同样要外出打工赚钱。美国法律还规定，女孩子 13 岁就可以到别人家照顾孩子。前总统里根的儿子，就没有靠父亲的地位和权力来为自己安排舒适的工作，而是靠自己的能力去奋斗。

人类社会发展到今天，创新已是一种时代精神，它呼吁人们奋斗进取、锐意改革，而不劳而获、坐享其成则被人所不齿。有些人只想一劳永逸，甚至不劳永逸；有些人依赖思想特别严重，把希望全部寄托在别人身上，自己不劳动等着享受别人的劳动成果……这些行为都不利于人类的发展，这些人也跟不上时代的步伐，注定要被时代淹没，被历史遗弃。只有从小培养男孩的自理能力，让他们去经历自己的成功和失败，将来他们才能独立地创造自己的明天。

给父母“穷”养男孩的忠告

时代呼唤勇于开拓进取的人，那些企图不劳而获的人只能被社会淘汰。父母让男孩从小习惯于坐享其成是最糟糕的事，这样只会培养出依赖性强、自私自利、不懂感恩的懒孩子。在家庭教育中，父母只有让男孩从小吃点儿苦，让他们经历一些挫折和失败，孩子才能积极进取，向着自己的目标努力奋进。

溺爱是男孩成长的毒药

教育男孩，最怕溺爱。一个在溺爱中长大的男孩，别指望他会有出息。爱孩子，只能放在心里，表现出来的时候，该狠还是要狠一点儿。要舍得让孩子吃一点儿苦头，不要对孩子的要求全部给予满足。一味地溺爱，以孩子为中心，是不利于孩子的身心健康的，对他们的成长不利，因为“自古英雄多磨难，从来纨绔少伟男”。

有这样一件不幸的事：年迈的父亲用榔头猛击熟睡中的儿子的头部，导致儿子昏迷数日。儿子躺在医院，父亲精神恍惚，剩下一个老母亲，守着一个破碎的家庭伤心操劳。这个悲剧的发生与父母对儿子的溺爱有着直接的关系。

这对夫妇中年得子，对儿子百般疼爱，什么都依着儿子，他要什么就给什么。儿子是个较内向的男孩，平时不爱和人交往，学习成绩也平平，但这并不影响父母对他的爱。

高中毕业了，儿子没考上大学，父母将他送到一所私立大学去读了两年书。从来没有离开过自己身边的儿子是他们时刻的牵挂，夫妇俩每个星期都要到儿子的学校去看他，生怕他有什么不适应。

大学毕业了，父母并不鼓励儿子主动去找工作，他们对儿子说：你是大学毕业生，可以找份好点儿的工作，意思就是不能让儿子累着了、苦着了。于是，儿子也就心安理得地在家过了两年，但什么工作也没找到。这也不是长久之计啊！不得已，父亲给儿子找了份很普通的工作，儿子去上了不到一个月的班就回来了，说是不适应。而这一回来，就在家待了4年，4年中不出家门一步。

儿子刚回家那阵，父母怕他在家寂寞，给他买了电脑。从此，儿子就生活在了那个虚拟的世界里，再也出不来了。每天，从入夜开始，儿子就开始在网上泡着，第二天早上才开始睡觉。他在网上做些什么，父母一点儿也不知道，因为儿子的房间从来不要他们夫妇进去。平时两代人之间基本上不交流，儿子也从不跟父母一起上街，他需要什么，也不跟父母说，只是写在一张小纸条上，让父母给他带回来。有一次，儿子要父亲给他带东西，父亲忘了，儿子就大发脾气，把家里的电视机都砸坏了。

对儿子的这些行为，父母十分担心，却没有反对，只是一味由着他。但老两口想起自己一把年纪了，这么下去，儿子的以后怎么办呢！父亲为此渐渐变得不爱说话了，心中的压抑堆积起来，得了忧郁症。父亲住院了，儿子也不出门，更不去医院看望，母亲不得不在照顾丈夫之后又回家给儿子做饭。

也许是因为对儿子失望，也许是一时想不开，父亲在出院回家那天早上就发生了开头的那一幕惨剧。

上例中惨剧的发生，都是父母溺爱的结果。这样的男孩，如此自闭、冷漠、寡情、无能，几乎等于一个废人，更谈不上什么男子汉了。这是孩子的悲剧，更是父母的悲哀。

一般来说，在家庭中，家长溺爱孩子，最典型的表现有以下几个方面。

1．特殊待遇。由于重男轻女的思想以及独生子等原因，男孩在家庭中的地位高人一等，处处受特殊照顾，如吃“独食”，好的食品要放在他面前供他一人享用；做“独生”，爷爷奶奶可以不过生日，孩子过生日得买大蛋糕，送礼物……这样的孩子自感特殊，习惯于高人一等，必然变得自私，没有同情心，不会关心他人。

2．轻易满足。有的家长对儿子的要求无原则地满足，儿子要什么就给什么。有的家长甚至不顾给自己造成沉重的负担，满足儿子过分的需求。这种男孩必然养成不珍惜物品、讲究物质享受、浪费金钱和不体贴他人的坏性格，而且毫无忍耐和吃苦精神。

3．剥夺独立。男孩应该具有强烈的独立精神。可是有的家长为了绝对安全，不让儿子走出家门，也不许他和别的小朋友玩儿。更有甚者，儿子变成了父母“小尾巴”，父母时刻不离开一步，搂抱着睡，偎依着坐，驮在背上走；含在嘴里怕融化，吐出来怕飞走。这样的男孩会变得胆小无能，丧失自信，养成依赖心理，还往往成为“把门虎”，在家里横行霸道，到外面胆小如鼠，造成严重性格缺陷。

4．大惊小怪。本来“初生牛犊不怕虎”，顽皮淘气是男孩的天性，他们不怕水、不怕黑、不怕摔跤、不怕病痛，摔跤以后往往自己不声不响爬起来继续玩儿。可是，有的家长却忽略了这些，儿子稍微有点儿闪失，就惊慌失措，大呼小叫。从此，孩子就打下了懦弱的烙印。

5．当面袒护。有时爸爸管教孩子，妈妈护着：“不要太严了，儿子还小呢。”有的家长管教孩子，奶奶爷爷会站出来说话：“你们不能要求太急，他大了自然会好；你们小的时候，还远远没有他好呢！”这样的男孩当然是“教不了”啦！因为他全无是非观念，而且时时有“保护伞”和“避难所”，其后果是孩子性格扭曲，有时还会造成家庭不和睦。

以上的五种溺爱方式不是每个家庭全部都有的，但一般家庭会占有几种，或各种都有轻度表现，这是值得警惕的。我们要以科学的爱来保护孩子的健康成长。

为了男孩的健康成长，我们要给他充分的爱，但不问是非曲直，一味地迁就男孩，这爱就成了溺爱，而溺爱和放任一样，对男孩的健康都是有害的。这样培养出来的孩子，会出现很多问题：缺少远大理想、是非观念、良好习惯、挫折教育等。更为严重的是，这会让男孩的人格不健全，直接影响他的将来。

给父母“穷”养男孩的忠告

爱孩子是父母的天性。理性、科学的爱可以帮助孩子健康成长，但万不可溺爱，溺爱只会害了孩子。为了男孩的未来，父母不能用溺爱代替对孩子的理性教育，不能处处庇护孩子，忽视孩子身上存在的缺点，把孩子的胡闹当作聪明的表现。爱男孩一定要做到爱得深、教得严，千万不要让溺爱成为男孩成长的毒药。

培养男孩勤俭节约的品质

培养孩子的节俭品质是“穷”养男孩的重要内容之一。消费至上，享受第一，奢侈浪费，只知享乐的生活方式，会让孩子养成贪婪、攀比、从众、追求时髦、喜新厌旧等很多坏习惯。孩子将来无论做什么工作，都要走上独自生活的道路，要想生活得好，勤劳节俭就必不可少。很多穷奢极欲的富人，很快就陷进入不敷出、倾家荡产的境地；很多勤俭节约的富人，总是尽力计划自己的需求，延迟对奢侈品的购买，保持有序节制的生活习惯，他们手中的资本因而越滚越大。所以，家长应该以身作则，培养孩子勤俭节约的品质。

四年级小学生郑浩这几天放学回来格外乖巧，不用催促就主动完成了作业，吃饭时碗里也没有剩下一粒米，还帮奶奶把碗筷收拾了。这让爸爸妈妈很满意，以往郑浩吃饭特别挑食，也不会主动洗碗。汶川地震发生后，大家一致用灾区小朋友的处境教育小郑浩。节约用水用电，不能浪费粮食，不能乱花钱。郑浩看着电视中小朋友们的情况，主动要求省下零花钱给灾区小朋友买书。

对于大手大脚的孩子，一位退休教师深有感触：“我们的一些孩子小小年纪就会乱花钱，这都是父母的错。把孩子看成‘小皇帝’，从小宠着惯着，孩子要什么就买什么，必然会让孩子产生依赖、不劳而获乃至挥霍的不良思想。要培养孩子的良好习惯，尤其是智慧性习惯和社会公德性习惯，这些都会影响孩子将来的命运。”

上例中，家长利用地震后各种物资短缺的事实教育郑浩要勤俭节约。本来平常每天都在重复的话，在活生生的现实面前，孩子自己真正地理解了。孩子不但明白了自己生活的幸福，感受到了灾区孩子的困难，还身体力行地主动省下零花钱给灾区小朋友买书。

家长是儿子的一面镜子，也是儿子的第一任老师，因此，家长要以身作则。生活中，很多孩子在吃、穿、行上攀比成风；在日常生活中随意浪费粮食；平常在外面吃饭时大手大脚，剩的要比吃的多；为了摆阔气乱点很多菜，吃不完也不打包带走。究其原因，还是家长对孩子的影响不够。如果家长在生活中就不懂得勤俭节约，让孩子自己学习勤俭节约是不可能的。

现在的家庭很多都是由祖父母、父母、孩子三代人构成，往往一个家庭只有一个孩子，因此形成了大人围绕孩子转的情况。孩子就是大人尤其是祖父母的心肝宝贝，有求必应，伸手必给，生怕孩子不高兴。逢年过节，亲友更是争相给孩子压岁钱，少则数百，多则上千。如果家长不进行正确引导，任由孩子乱买东西，花钱大手大脚，没有丝毫节俭意识，养成奢侈浪费的行为也就不奇怪了。

另外，孩子心智还没成熟，很容易受外界因素的影响。奢侈的风气让孩子之间互相攀比，谁花的钱多谁就有威信，这更容易让孩子走上歪路。很多家长虽然反对孩子的奢侈浪费行为，平常也会批评孩子，但大多治标不治本，这是因为不从根本上纠正孩子不良的生活习惯，就很难让孩子有所改变。有什么样的家长，就会有什么样的孩子。家长爱学习，孩子也爱学习；家长爱劳动，孩子也爱劳动；家长乐于助人，孩子也乐于助人。其实，让孩子养成某种习惯并非难事，关键看家长怎么教育，而家长的言传身教是最好的教育。

在大洋的彼岸，同样是面对富裕的生活，美国的家长却有着完全不同的做法。他们平时很少给孩子零花钱，因此，孩子们会通过在校园里拣垃圾、收集饮料瓶来换成钱，或是给别人送报、修剪草坪来赚取自己的零花钱。每个孩子都不会有一丁点儿的难为情，他们反而为自己能挣到钱而自豪。美国家长的目的就是培养孩子自力更生、勤俭节约的习惯。

古人云：勤能补拙，俭以养廉。只要勤劳，即使是天赋差一些，也会把工作、学习搞好，会在事业上作出成绩。只要能够节俭，不贪图物质享受，不追求奢华生活，保持廉洁的美德，在事业上就会不断追求进取，有所成就。因此，家长要培养孩子养成勤俭节约的生活习惯，这种习惯会让孩子受益终身。

培养男孩勤俭节约的习惯，让他们从做一些自己力所能及的事情开始。比如，吃饭时不剩饭，饭菜不随意扔掉；用水时水龙头不要开得太大，用完后要关紧水龙头；不丢弃没写完的作业本和纸张，将其留作草稿纸或他用，养成双面用纸的好习惯；生活中注意节电，光线充足时不开灯，充分利用自然光，随手关灯，人走灯灭。当然，家长也要以身作则，让孩子在潜移默化中养成勤俭的习惯。

培养男孩勤俭节约的习惯，可以安排孩子多做些家务事。据调查：经常帮父母干家务的孩子不足10%，干家务的男孩更少。家长可以安排儿子做一些力所能及的家务，让他真正体会到劳动的艰辛和不易，从而自觉地养成勤俭节约的习惯。

同时，家长应积极配合学校的工作，正确引导孩子，培养孩子艰苦朴素、勤俭节约的品格，坚决拒绝孩子提出的不合理的物质要求，向他解释拒绝的理由，让他学会珍惜家长的劳动成果。

给父母“穷”养男孩的忠告

心理学家威廉·詹姆士说：“播下一种行为，收获一种习惯；播下一种习惯，收获一种性格；播下一种性格，收获一种命运。”从小养成的习惯会伴随人一生，在孩子成长初期培养他勤俭节约的品质，会使他受益终身，成为蕴藏在他内心深处取之不尽的资本。

财产不能保男孩富贵平安

如今，有很多家长不是想方设法地教育孩子，而是千方百计地为孩子积累钱财。这样做的结果是：留足了物质，贫乏了精神。

在美国，政府计划逐步取消遗产税，但这没有受到富人的欢迎。美国的120名富翁联名在《纽约时报》刊登广告，呼吁政府不要取消遗产税。2008年6月27日，比尔·盖茨宣布正式退休，淡出微软日常管理工作，并声明将把自己580亿美元的财产全数捐给慈善事业，一分一毫也不会留给自己的子女。世界首富股神巴菲特更是在一开始就和夫人达成一致意见，不准备把财富留给子女。他们的理由是：遗产会使下一辈失去生活的热忱和做事的成就感，甚至因丧失自尊和毅力而堕落。他们认为巨额遗产是一种“反社会”的错误。

中国的家长们在感慨“比尔•盖茨是不是疯了”的同时，也应该开始考虑是不是不应该给子孙留钱财。很多家长认为比尔•盖茨不能代表大多数，毕竟他还有尚未成年的一子两女。而盖茨却认为：拥有不劳而获的财富，对于站在人生起跑点的子女来说并非好事。事实上，古今中外的很多名人教子都有一个共同的特点，就是不留钱财给后代，因为他们知道只有这样才有利于孩子一生的发展。

林则徐没有给子孙留钱财，只留下一副对联：“子孙若如我，留钱做什么？贤而多财，则损其志。子孙不如我，留钱做什么？愚而多财，益增其过。”张闻天把组织归还的冻结存款和补发的工资4万余元，让妻子全部交还给党组织，还在病床上再三嘱咐：千万不要留给孩子。罗荣桓临终前告诉老伴：“我死之后，分给我的房子，你和孩子不要再住了，搬到一般房子里去，不要搞特殊。”他们对子女的教育都更看重精神的鼓励，而不是金钱、物质的刺激。

居里夫妇以发现镭闻名于世，他们最初提炼的一克镭，堪称稀世之宝，价值百万法郎。当时他们生活拮据，亲友建议他们把镭作为留给后代的一笔遗产，但居里夫妇拒绝这样做，把这一克镭全部献给了自己的实验室。居里夫人说：“贫寒固然不方便，过富也是多余而且讨厌的。女儿们将来必须自谋生活，这是一件妥当而且自然的事。”

父母为后代着想，关心子女，这是人之常情。但是，给孩子留钱财的方法并不能保他们富贵平安。相反，让男孩拥有一种天生的金钱优越感对孩子的成长有百害而无一利。金钱的获得并不是轻而易举的，钱也是会用完的，有价值的财富要靠孩子自己的努力去积累，积累财富的过程要比财富本身更有价值。

人生在世，本领才是立身的根本。教会男孩打天下的本领，才能让孩子将来赢得人生。否则，即使留给男孩金山银山，也有吃空的一天。而且，坐享其成会让他们养成依赖性和惰性，缺乏毅力和恒心，缺乏奋斗精神，将来也无法立足于社会。

社会学家研究表明，现在的独生子女一代在完成大学的学业后，往往还要读研究生或者出国留学，很多人走上社会时，都已经超过了27岁。在此之前，他们的生活费用几乎都是父母供养的。因此，当他们离开学校进入社会后，许多人难以承受工作的艰难和初入社会的挫折，干脆回家继续靠父母供养。众所周知，在国外，孩子满18岁后就要自己养活自己了，而中国的孩子成家立业后，还把生活的来源寄托于父母身上。外国的父母注意培养孩子的独立能力，孩子过了18岁就把他们推出家门；中国的父母好像更有责任感，给孩子付学费、找工作、结婚、买房……究竟哪种家长的做法更合适呢？

著名作家小霍丁•卡特对于遗产的看法是："我们希望有两份永久的遗产能够留给我们的孩子，一个是根，另一个是翅膀。"根就是指一个人的心性和品质，翅膀指一个人适应世界的生存能力。调查表明，高独立性、高自律性是成功人士的显著特征。金钱和安逸可能成为男孩前行的阻力，而依靠自己的智慧和能力前进才能成就一个真正的男子汉。父母如果想让男孩将来有前途，就要帮助他们建立积极向上的人格，练就勇敢耐挫的本领，培养自力更生、独立自主的能力，这样，孩子将来才能在他们的人生道路上奋勇前行。

给父母"穷"养男孩的忠告

与其给男孩留钱财，不如教孩子学会生存的本领。本领可以让孩子受用一生，钱财只能让孩子坐吃山空。

第二章

男孩越早独立越有出息——给男孩独立的空间和机会

依赖，男孩成长的挡路石

一些家长常抱怨自己的孩子依赖性太强。有的说：“儿子一刻也不肯离开我，一走开就哭闹。”有的说：“自己渴了饿了都不知道，什么都得我帮他想着。”

男孩依赖性太强，往往是父母不合时宜的教养方式造成的，例如，过分保护、全盘“包办”、压制孩子的想法、缺少鼓励和表扬、缺乏挫折教育等，这样的教养方式使孩子的依赖心理在父母的温情下生根发芽。调查显示，在一些家庭的家长中有52.5%的人“为孩子安排课余学习内容”；26.1%的家长“经常检查孩子的日记或通信”；37.1%的家长“总是照料孩子的洗澡、整理床铺或收拾书包等日常事务”；34.6%的家长“经常陪孩子做功课”；62.0%的家长“比其他家长管教孩子严厉”；等等。在家长如此“贴心”“周到”的照顾，如此“严密”的保护下，孩子的自主行为大大减少，对家长的依赖性越来越强，面临困难时，也不知道如何应对。

依赖性强的男孩往往缺乏自主做事的能力，觉得自己不用动手，大人就会包办一切。由于很少有机会做事，孩子会缺乏自信，不愿承担任何责任，遇到事情就直接求助于父母、教师或能力强的同伴，把问题都交给他们解决。

依赖性强的男孩可能很听话，但没有真正的兴趣、爱好和独立的见解，生活难以自理，与依赖对象的分离往往会对其造成巨大的心理打击。长此以往，他们将成为难以长大、难以离开父母的孩子。

小男孩果果在家里洗手、洗脸，总是由爸爸妈妈给他拧开水龙头，再给他洗、擦干。上了幼儿园后，果果也理所当然地期待着有人给他这样做。

“谁来给我拧开水龙头呢？”在家里，只要父母发现他在等待，就会立即帮他打开水龙头。不管是在家里还是在幼儿园，果果穿裤子、毛衣、袜子，戴帽子等都是等别人来帮忙。所以，他逐渐养成了期待和依赖的习惯。

在幼儿园里，尽管别的孩子都争先恐后地涌向自来水龙头，他却是个旁观者，根本不想自己动手去拧开水龙头。在果果的意识里，即使自己不亲自动手去做，周围也总会有人来帮忙的。

孩子有等待心理，是家长教子无方所致，是教育的失败。对孩子过多的照料、过多的帮助，只能使孩子更加娇惯。这样的孩子只会等待，依赖性极强。

要戒除男孩的依赖性，培养他的独立性，需要有适宜其生长的环境和适当的教育。家长的责任是为孩子创造各种独立做事的条件，而不是当“拐杖”、当“向导”，要帮助孩子强化自我意识，激发孩子的主观能动性。那么，父母如何在对孩子的照顾中培养孩子的独立性，而不让他养成依赖的习惯呢？

1. 取消包办代替，多给孩子自主机会。不管是在生活中，还是在学习上，父母都不应该包办代替，要让男孩自己动手去做。家长应该坚持这样的原则：孩子能干的，父母绝不替他干；孩子不会干的，父母要教会他干；孩子请求父母干的，父母要考虑该不该替孩子干。如果家长什么事都为孩子包办，孩子就会变得依赖性很强。有的家长认为在生活方面多照顾孩子，多替孩子做些事，孩子就会有更多的时间去学习。其实不然，生活上的依赖会干扰、阻碍学习上自强精神的形成。有自强精神的孩子，生活上也不依赖家长。

2. 变责备为激励。缺乏自立的男孩，越受到责备越没信心，严重的会自暴自弃。父母要转换思维方式，多关注孩子的优点，少找他的缺点；多鼓励孩子，少责备孩子。例如，父母要经常对孩子说“这次干得不错”，“有进步，下次继续努力”，“好样的，再努一把力会更好”，“知错就改才是好孩子”，“有什么困难，咱们一起想想办法”……

3. 多让孩子接触外界事物，让他适应各种变化。父母要多鼓励男孩，让孩子结交一些小伙伴；要带着孩子到学校去，让他熟悉一下环境和教师；到公共场合走一走、看一看，让孩子接触不同的情境。孩子的生活圈子扩大了，就会逐渐适应外界的各种变化。当他到了陌生的环境，也就不会惊慌失措。

4. 让孩子参与家庭生活，体验到自己的重要性。当孩子帮妈妈收拾碗筷，受到妈妈的表扬和鼓励的时候，他会有莫大的成就感；当孩子自己穿不上衣服时，爸爸妈妈鼓励他，他会重拾失去的自信，把衣服穿好；当父母郑重地跟孩子商讨双休日如何安排时，孩子会体会到自己意见的重要性。因此，让孩子参与家庭生活，不仅能培养孩子勤动手、勤动脑的习惯，还能让孩子学会自主地分析问题，培养他的自主性。

5. 教孩子正确对待挫折。男孩的成长，必须经过各种考验，教育孩子在遇到挫折时，不灰心，不丧气，总结教训，振奋精神，继续前进。这是培养自强精神的重要时机。让孩子从小懂得“人生无坦途”，要树立大无畏的精神和勇气。

给父母“**穷**”养**男孩**的忠告

对于男孩，一定要让孩子摆脱依赖心理，从小就对其进行自立教育。父母不要怕孩子吃苦，更不要怕孩子做不好，而是要毫不动摇地坚持一条原则：只要是孩子力所能及，并且应该由孩子自己去做的事情，一定要让孩子自己去做。

尊重孩子，对男孩抱有信心

依赖是每个孩子成长过程中必然经历的一个阶段。在这个阶段，孩子一方面想独立自主，不希望父母对他的行动加以干预；一方面又特别依赖父母的爱和关注。对于此时的男孩，家长不仅要鼓励锻炼他们的独立意识和能力，还要适当满足他们的依赖之情，稳定他们的情绪，使他们更大胆地走向独立。当男孩到了有自理能力的年龄，家长仍然对孩子的事情大包大揽，就容易导致孩子出现依赖心理。

在日常生活中，常常发生家长打击孩子的现象。孩子大声唱着跑调的儿歌，爸爸不耐烦地说：“哎呀！你不要再唱了，难听死了。”孩子拿回 99 分的卷子叫父母看，妈妈却说：“才 99 分，怎么搞得？”孩子主动帮忙洗碗，妈妈却说：“别给我帮倒忙啦！”父母的这种做法会让孩子觉得自己做什么都不行，甚至无法接纳自己，感觉自己不被爱也不可爱，只会让父母失望和讨厌，渐渐地孩子就可能失去自信。

事实上，孩子往往比父母想象的更能干。他们有很大的潜力，只要父母对他们抱有信心，尊重他们独立的个性，给他们独立的空间和机会，孩子就会有让父母惊讶的表现。

美国成功学家拿破仑·希尔小时候，被认为是一个永无出头之日的人。不管出了什么事，比如，母牛从牧场上跑了，葡萄架被弄得一塌糊涂，或者一棵树不知什么时候被砍倒了，人人都会怀疑，这是拿破仑干的。不仅如此，而且所有的怀疑都有各种绘声绘色的证明！母亲死后，父亲和兄弟们都认为他是不可救药的，把他当作坏孩子看。既然大家都这样看待他，他更不能让众人失望。

后来，父亲再婚了。关心拿破仑的人都担心继母会不喜欢他，拿破仑本人也认为继母不会对自己好的。继母进入家门第一天，她走遍每一个房间，高兴地与每个人打招呼。她走到拿破仑面前时，拿破仑双手交叉，叠在胸前，凝视着她，眼中没有丝毫欢迎的神情。父亲说："这是拿破仑，是众多兄弟中最坏的一个。"继母听后，微笑着把双手放到拿破仑的肩上，和蔼地看着他的眼睛，说："这是最坏的孩子吗？完全不像，他像是这些孩子中最聪明的一个，而我们所要做的一切，无非是把他所具有的伶俐品质发挥出来。"

从此以后，继母总是不断鼓励拿破仑依靠自己的力量，制订大胆的计划，坚毅地前进。后来，继母的鼓励成了拿破仑事业的支柱，她的教导和鼓励成就了拿破仑。

在父母兄弟眼里是坏孩子的拿破仑·希尔，却在继母的信任和鼓励下成为美国著名的成功学家。可见，父母尊重孩子，对孩子抱有信心，让孩子沉浸在温暖而可靠的信任中，就会提高孩子的自信心和独立自主的意识，激发孩子努力去做得更出色。

家庭是男孩成长的摇篮，对孩子道德、习惯的形成，学习兴趣、热情的激发，起着潜移默化的影响。家长是男孩的第一任老师，对孩子独立性的培养起着至关重要的作用。所以，家长更应该重视自己的责任，注意创造良好的家庭教育环境，让孩子学会认识自己，学会做事，学会生活，学会生存，把他们培养成适应社会需要的人才。

男孩都活泼好动，对一切事物充满好奇，有着浓厚的探索兴趣和强烈的求知欲望。比起女孩，男孩更加自信勇敢，积极乐观，他们自主而富有个性。但是，男孩也更顽皮、难自控、散漫、懒惰，家长应该在尊重、理解、相信孩子的基础上，对孩子进行帮助、鼓励和塑造。

首先，要尊重孩子，理解孩子，让他自己做主。中国独生子女家庭教育的特点就是大人围着孩子转，父母把自己的想法直接实施到孩子身上，要求孩子沿着父母设计好的成长轨道一步一步地前进。有时，父母确实需要对孩子的行为进行限制，比如一些危险动作，但在确保安全的原则下，父母还是需要适当放手让孩子自己来做主，即使他的做法可能在大人看来稀奇古怪，不可思议。孩子通过亲自执行决定，才能学会在实践中学习和成长。

其次，要信任孩子，鼓励孩子，让孩子充满信心。信任孩子就要支持鼓励孩子，当孩子试图尝试某件有益的事情时，父母不要断然否定孩子的想法，而是给予指导和帮助。鼓励是培养孩子独立自信的开端，对于孩子，没有什么比父母的信任更可贵。让孩子处在不断受到激励的氛围中，他就会感到自信、从容不迫，发挥出自己最高的水平。家长不要随意责备、消极评价孩子，这样会给孩子的情绪和心理带来长期的负面影响。

最后，要常带男孩一起接触大自然，开阔他们的视野，激发他们的探索欲。让孩子接触社会、接触大自然，可以发展其语言、想象等综合能力。让孩子去了解世界，去听、去看、去触摸、去想，开阔视野，发掘对大千世界的好奇心，激发自己的探索欲。同时，父母在和孩子一起活动的过程中，与孩子有了更多的交流，对孩子也会有更深的了解。

总之，培养男孩的独立能力，不是家长单方面的教育过程，而是与孩子互动的过程。通过与孩子的谈话、交流、沟通，更加尊重、理解、信任孩子，坚信孩子有独立思想和独立人格，以平等的态度对待孩子，给孩子自由发展的空间，让孩子健康茁壮地成长。

给父母“穷”养男孩的忠告

培养男孩的独立能力，需要家长给予孩子充分的尊重和信任。家长尊重孩子，对孩子抱有更多的信心时，孩子也会对自己更有信心，更容易与父母合作，待人友善。这样，孩子才会有更大的进步，才会养成独立自主的意识和习惯。

让男孩做自己力所能及的事

很多家长觉得爱孩子就要给孩子幸福，于是对儿子关怀备至，唯恐委屈他，从物质到精神，只要孩子需要立刻满足。让父母意想不到的是，孩子就是不满足。尽管孩子吃穿不愁，但物质上的满足并不会给孩子带来多少幸福感。孩子只有在成长的过程中，通过自己的努力克服生活中遇到的困难，取得成功，才会真正的满足和幸福。

父母应该给男孩独立的空间和机会，让孩子去接受锻炼，去挑战困难。培养孩子自立自强的品质，才是适应现代社会发展的教育法则。

特特今年已经12岁了，父母却还把他看成什么都需要大人管的小孩子。不论在学习上，还是在生活上，妈妈总是把一切都安排得好好的，不顾特特的真正想法。有时特特不同意妈妈的做法，妈妈却说：“小孩子懂什么，妈妈这样做都是为了你好。”

妈妈给特特买的衣服，多数是特特不喜欢的颜色。特特向妈妈提出建议，妈妈却说：“小男孩懂什么，买什么衣服你就穿什么衣服吧。”特特感到很委屈。

特特说：“我知道爸爸妈妈很爱我，可是我很快就要小学毕业了，爸爸妈妈还不让我处理自己的事。我自己的事自己也无权做主，在这个家里，怎么就没有人尊重我的意见，问问我的想法呢？”

特特已经有独立意识，想自己处理自己的事情，却被妈妈否决了，而且妈妈以小孩子不懂事为由，全部包办代替。特特在家里没有被需要的感觉，也没有自己做自己事情的机会，自然不会高兴。很多教育专家认为：替孩子做他们能做的事，很多时候会产生一些不良影响。一方面，打消了孩子的积极性，剥夺了孩子实践的机会；另一方面，大人的不信任让孩子丧失了能力和勇气，包办代替的做法让孩子感到危机和不安全，最终使已经有了独立意识、独立人格的孩子在自尊心、上进心方面受到很大的伤害。

在日常生活中，理智、清醒的父母绝对不会让儿子闲在一边，自己却包揽一切。他们会让孩子做自己能做的事，让孩子学会独立。早在 1927 年，著名教育家陈鹤琴就提出：“凡儿童自己能做的事，应该让他自己做；凡儿童自己能想的，应该让他自己想。”这是符合教育规律的至理名言。

一个 4 岁的美国儿童在弯腰费力地系鞋带，别人想去帮忙，却遭到了拒绝。孩子问：“你知道我多大了吗？”“不知道，但我想你还小。”“我已经不小了，我都 4 岁了。”孩子的意思是他已经长大了，系鞋带这类事不需要别人帮助。这孩子身上体现的自主意识在美国是很普遍的。

德国法律明确规定，6岁以上的孩子必须帮父母干力所能及的家务活儿。德国的家庭几乎都有个“小工厂”。在“小工厂”里，有工作台及各种规格的螺丝、钉子、垫圈、管件、电子元件等材料，从木工、瓦工工具到钳工、焊工工具应有尽有。孩子们可以利用这些工具，在大人的教导下做一些其力所能及的事。譬如，父母会教孩子刷墙、铺地板、拉电线、维修家用电器、处理上下水管道问题等。这样不但满足了孩子的好奇心，也培养了孩子的动手能力。

这些孩子在手工实践中娱乐，在娱乐中不断创新，极大地培养和提高了他们的思维意识和创新能力，奠定了他们长大成人后自主创业的基础。这一点，很值得我们中国的家长借鉴和学习。

社会的不断进步与发展，要求每个人必须具有健全的人格。具有强烈的自尊心和自信心，独立自主的意识，才能经受人生的挫折，才能符合现代社会选拔人才的起码标准。否则，即使智力超群，也可能会被激烈的竞争无情地淘汰。

当男孩还不能完全生活自理时，父母给予孩子生活上的照料，无可厚非，因为父母有这种责任和义务。但父母也应当明白，照料孩子的目的，不仅是让孩子生活得舒适、幸福，更重要的是让孩子逐步具备自理能力，进而掌握独立生活的能力。如果父母把孩子的事情包办代替，孩子没有自己动手、动脚、动脑的机会，那么孩子就什么都不能做，什么也不会做。当孩子长大后离开父母，进入社会独立生活、工作时，没有生活自理能力，就会给他们今后的生活带来诸多不便，影响他们的学习和工作，甚至葬送他们的美好前程。

所以，父母应该放手，让男孩做自己能做的事，培养孩子的自理能力，促进孩子脑部的健康发育。对于需要父母帮忙做的事，让孩子主动提醒；对于孩子能做的事，父母绝不代劳。

给父母“穷”养男孩的忠告

父母对男孩的保姆式养护，剥夺了他们动手的机会，抹杀了他们的独立意识，让他们失去了基本的生存能力。因此，爱儿子的父母，就应该学会让孩子自己做自己的事情，引导孩子学习、掌握独立自主的能力。只有这样，将来他们面对社会急剧变化时，才能保持头脑清醒，灵活应对；面对千难万险时，他们才能意志坚定，百折不挠。

给男孩自己选择的权利

在选择中缺乏自主性、缺乏自我意识，是很多男孩的一个普遍现象。如今的独生子女是抱大的一代，成长在由家长精心构建的温室里，几乎没有独立生活能力。无论是吃什么、喝什么，还是穿什么，家长都已准备好，根本轮不到他们动脑。上学有人送，放学有人接，考学家长给意见，毕业家长帮分配，孩子没有任何选择权，家长早就安排好了。久而久之，他们就失去了独立思考和承担责任的机会，遇到什么困难都要找父母帮忙，依靠父母来解决。这样的孩子将来很难在竞争激烈的社会环境中站稳脚跟。因此，要想让男孩将来开拓出更广阔的发展空间，家长就要从即刻做起，把选择的权利还给孩子。

乔治·韦尔斯·比德尔由于在基因和遗传学方面的突出贡献而获得1958年诺贝尔生理学及医学奖。他还积极投身于社会活动当中，组织了旨在反对“美国保安计划”的活动，领导了反对种族隔离的斗争，是一名有着进步意识的社会活动家。

比德尔出生于一个农民家庭，父亲对他没有什么特别的期望，只是盼着孩子快些长大能帮助自己做家务。父亲没有去问比德尔的学习情况，也不注重什么精神生活，只是对他的作息时间要求严格，要他和自己一样勤快。每天黎明，父亲就会叫他起床干一些力所能及的活儿，或是四处溜达活动活动，使他从小养成了勤劳早起的好习惯。

父亲对比德尔的学习成绩从来没有任何标准和要求，因此，比德尔学习没有任何压力，只是根据自己的兴趣爱好选择书籍来阅读。比德尔和父亲一起劳作，耳濡目染，对农作物非常了解，尤其对玉米有着深刻的感情，他成年后从事生物学研究时，就是从玉米开始的。

后来比德尔考入康奈尔大学，师从爱默生教授，开始了遗传学研究的历程。他发表的关于玉米遗传特征和玉米细胞成熟分裂过程的论文，涉及染色体问题，在美国生物学界引起了专家的关注。而后，他又前往加利福尼亚理工学院，与现代遗传学的创始人托马斯•摩根共事，为自己今后的研究打下了坚实的基础。

正是由于父亲的放手，什么事情都让比德尔自己去选择，才使他有机会成为一位伟大的科学家和社会活动家。

比德尔的父亲开始就不对儿子抱什么期望，因此放手让孩子自由自在地去学习、去感受，父亲的“无为而治”反而取得了神奇的效果。因为比德尔有机会自己在生活里去感受，所以他才会有那么多的思想。思想这东西，不是做练习题就能做出来的，也不是看教科书就能看出来的，它来自对生活的体验和感受。

现在很多家长教育儿子持一种急功近利的心态，一定要孩子按照自己期望的某种轨迹去发展，给孩子造成极大的压力，结果却事与愿违。要知道，一个人的成功是由很多因素造成的，其中的很多机缘和变数不是家长可以左右与操纵的，人为地去控制或强行塑造孩子，只会带给孩子巨大的伤害。

一位学者曾对中学生的自主性状况做过这样一个调查：如果学习和生活中遇到难题，一时解决不了时，怎么办？一所中学被调查的150名学生几乎是异口同声地回答：有困难当然是找父母解决。没有一个学生回答自己先想办法解决，实在解决不了再找父母帮忙。对于今后准备从事什么职业，90%的学生说要问过父母后才能回答。

有的家长持有按自己的人生理想、价值观念和行为方式塑造儿子的倾向，不考虑孩子本身的素质和兴趣，对孩子强行塑造。有的家长不了解孩子的思维方式，不能体验也不能进入孩子的心理世界，武断地塑造、代替孩子的思维方式。当孩子因此有抵触情绪时，父母总是以“我们不会害你的，我们比你懂，你按我说的做准没错”这样的话语，来应对孩子的不满。在这样的环境下成长的孩子，遇到困难时，也只能等着父母来帮忙；被问到自己的职业取向时，自然首先想到回家向父母讨答案。

孩子总是要离开父母，独自去开拓。如果他们从小没有选择的权利，没有体验选择的滋味，长大后也难以选择适合自己的发展道路，难以迎接各方面的挑战和竞争。

男孩在自主选择时，因为社会知识和生活经验不足，出现偏差是难免的，但是不能因噎废食，剥夺他们选择的权利。选择和责任是相辅相成的，责任感是在自我选择中形成的。一个人没有选择的权利，只是被动地接受，也就不会承担什么责任。父母应该尊重孩子，还给孩子自主选择的权利，让孩子对自己的事做主，培养孩子的责任心，培养孩子克服困难、战胜困难的顽强意志，培养孩子遇事冷静、有主见的良好心理素质。在这个过程中，孩子可能会摔几个跟斗，或是走一段弯路，但选择的能力就是在一次次的尝试中提高的。父母不要因为担心孩子吃苦或吃亏就剥夺孩子的选择权，甚至否定孩子选择的实践。

给父母“穷”养男孩的忠告

每个孩子总会有自己的兴趣偏好，也有做选择的必要，如果父母硬要帮孩子做选择，让孩子做自己不喜欢做的事情，往往会适得其反。家长在教导男孩学会选择的同时，一方面让父母的经验发挥作用，另一方面也让孩子有自己判断的空间。同时，父母也要让孩子学会为自己的选择负责，无论选择了什么样的道路都要脚踏实地一步步做起，正确的选择配上正确的方法才能走向成功。

培养男子汉，从家务活儿做起

很多家长认为男孩将来应该成为一名力挽狂澜、叱咤风云的男子汉，所以几乎没有人认为男孩也需要学做家务活儿。其实，男孩更擅长实践，喜欢学习本领，他们对劳动充满了热情，在成人眼里的家务活儿，在男孩看来就像游戏一样有趣、吸引人。让男孩做家务还可以培养孩子的家庭责任感和动手能力，使孩子明白在家庭中必须尽自己的义务，促使孩子早日走向独立。

“给孩子布置家务是让孩子建立自我价值感和相信自己能力的最佳方式，”家庭教育家伊丽莎白·邦得里说，“习惯于承担家务的孩子，在走向成年的过程中，往往比那些缺乏这种体验和责任感的孩子更容易适应生活。”

美国第34任总统艾森豪威尔生于得克萨斯州，在他童年时，父母曾经因为受骗蒙受经济损失，家里经济情况每况愈下。在这种艰苦条件下，父母教会了他百折不挠、奋勇向前的优良品质。

艾森豪威尔的父母从不溺爱孩子，他们让孩子们从小就做家务，男孩也不能例外。在学习之余，孩子还要做饭、打扫卫生等。院子里有一块空地，春天的时候，父母带着孩子们在那儿种上各种蔬菜，等到收获的季节，就让几个孩子负责把菜卖出去，卖菜的钱买他们需要的衣服和学习用品。

有一年，艾森豪威尔的弟弟染上猩红热，家里变得更加忙乱。妈妈把给全家做饭的“大事”郑重地交给艾森豪威尔。在此之前，他根本就不会做饭，但他下决心要把饭做好。医生要求家里人和生病的弟弟隔离开，因此爸爸和几个儿子挤在楼下住，妈妈负责照看弟弟。两个哥哥在外面帮工，烧水做饭的事情自然落在艾森豪威尔的头上。

开始，妈妈手把手地教他怎样切菜、生火，每天吩咐他做什么饭，安排好后，他就在厨房里忙活开了。因为从来没有做过饭，他感到还有几分新鲜和有趣，做得极其认真仔细。但由于手艺不精，大家吃他的饭菜常常皱眉头，觉得难以下咽。后来，他越做越熟练，还学会做一种拿手的菜汤，大家都非常喜欢喝。艾森豪威尔高兴极了。

后来，艾森豪威尔上了中学，和同学一起出去郊游时，他和另外一个同学负责给大家做饭。凭着儿时的手艺，无论是烤土豆、烧牛排，还是做馅饼，都让大家赞不绝口。直到晚年，艾森豪威尔对自己少年时期的这段经历还记忆犹新，常常津津乐道于此事。

穷人的孩子早当家。父母在艾森豪威尔年幼时培养他吃苦耐劳的精神，让他受益终身。尽管很难让人把他的硬汉形象和做饭这样婆婆妈妈的琐碎事情联系到一起，但在做家务的过程中，他学会了吃苦，学会了独立，修炼出了成功的潜质。

在一些国家，中小学生每天平均参加家务劳动的时间为：美国1～2小时，泰国0～1小时，韩国0～7小时，英国0～6小时，法国0～5小时，日本0～4小时。而在我国城镇的中小学生中，大约有50%根本不参加家务劳动，或是每天只参加10分钟家务劳动。不少已经具备生活自理能力和从事家务劳动能力的孩子，在家里还是过着“饭来张口，衣来伸手”的寄生虫生活。

美国哈佛大学的专家对波士顿地区465名孩子做的长达20年的跟踪调查发现：爱干家务活儿与不爱干家务活儿的孩子相比，长大后的失业率为1∶5，犯罪率为1∶10。爱干家务活儿的孩子长大后平均收入要高出20%，婚后离异率、心理疾病患病率也低。由此可见，做不做家务活儿，做多少，对孩子一生的发展有着重大的影响。因此，要培养男子汉，家长就应注意让男孩从小做些家务活儿。

让有劳动能力的孩子做一些家务活儿，不是说家务活儿太多太繁重，家长做不完需要孩子帮忙；也不是要家长偷懒，把家务劳动负担转嫁到孩子身上；而是让孩子在做家务活时从中受到教育。通过做家务，孩子获取了劳动带来的快感，懂得了自己对家庭的义务和责任。这远比空洞的说教要好得多。通过做家务，孩子知道了付出者的辛苦，更加爱惜、尊重别人的劳动。通过做家务，孩子在动脑筋思考如何提高做事的效率中，增强了逻辑思考能力与判断力，久而久之，就会养成良好的思维习惯。通过做家务，还可以提高男孩的动手能力，指关节与指尖的多层次运动让他们的小脑神经得到更多刺激，使大脑更灵活。

给父母“穷”养男孩的忠告

家务劳动对于男孩来说，不是可有可无，而是他们成长过程中的一门必修课。男孩在做家务中亲自动手，直接接触各种事物，积累生活知识，弥补了自己的不足。男孩经常动手，不仅使手部活动变得灵巧，而且还能促进大脑中枢神经的发展，使人变得更聪明，动作更协调，动手能力更强。父母不妨让男孩做一些力所能及的家务活儿，促使孩子早日走向独立。

给男孩一个独立的机会

男孩富有个性，他们喜欢张扬与众不同的做事方法，对自己的所作所为充满自豪感。男孩自信，他们生机勃勃，善于根据自己的实力来估计自己的地位，喜欢主宰、控制周围的环境。男孩喜欢竞争和挑战，在竞争中他们会觉得兴奋，他们身上有着不为任何理由就去冒险的倾向。

科学家通过对 6 个月大的男女婴的对比实验发现，面临困难时，男婴已经开始试图通过自己的探索尝试解决问题的途径，而不是像女婴一样借助哭泣的手段。如果男孩能从父母身上得到充分的支持和爱，他们会比女孩更早地走向独立。性别赋予男孩的巨大能量，推动着他们急切地希望摆脱对父母的依赖，走上独立成长之路。

美国著名作家海明威的父亲是一位外科医生，他平常爱好体育

运动，尤其热衷并擅长钓鱼和打猎。

海明威一家居住在芝加哥市郊的橡树园镇，旁边就是风景宜人的密执安湖。父亲非常注重让小海明威接受大自然的陶冶和考验，差不多每次外出巡诊的时候，只要海明威要求跟随，他都满口答应。长期的穿林涉水，走村串户，让海明威的眼界逐渐开阔。

然而，父亲并不满足于此，他觉得仅仅这样是不够的，还要让海明威尽早摆脱对家人的依赖，培养他独立自主的能力，将来才可能有所作为，因为过强的依赖性会窒息一个人的潜在才能。

于是，在海明威4岁时，父亲严肃地对他说："孩子，别老跟着我，自己活动去。"并递给海明威一根鱼枪，鼓励他道："自己去干吧，你肯定能行。"后来，父亲又给了海明威一支猎枪。海明威在父亲的指点和鼓励下，开始了独立活动，并很快迷上了钓鱼、打猎和探险，接着，又迷上了阅读。

钓鱼、打猎、阅读这三个从小养成的爱好，对海明威日后走上文学创作道路起了重要的作用。

海明威的父亲从儿子4岁时就敢放开手，让孩子去探索新天地，一方面培养了孩子的实践和动手能力，另一方面培养了孩子独立自主、坚毅勇敢的性格。父亲给予海明威的自由、独立的教育是他形成独立自强性格的起点。

在中国常常可以见到这样的情景：孩子上学的路上，家长帮忙背书包；孩子的鞋带松了，家长帮忙系好；孩子要喝水，家长递到嘴边……家长的做法，无疑剥夺了孩子独立成长的机会。家长的包办代替还有可能使孩子认为自己无能、愚蠢，导致孩子自信心不足，无形中对孩子造成伤害。

家长终究不能照顾孩子一辈子，尤其在这样一个复杂纷纭、竞争激烈的世界，孩子不可能永远躲在没有风雨的温室里。所以，家长应尽早教会男孩独立，让他们用自己的头脑和眼睛认识世界，从精神上给孩子断奶，斩断孩子对父母的依赖心理。

首先，家长不要过分保护孩子。过分保护孩子会妨碍其身心的正常发展，使孩子变得胆怯、依赖心重，不愿也不敢做任何尝试，不易与人接近。正确的做法是放手让孩子自己去尝试、去实践，鼓励孩子做力所能及的事情。

其次，让孩子处理自己的事情。让孩子从小养成自己整理自己用品的习惯，比如，把笔和尺子等学习用品放在固定的抽屉里，把玩具放在玩具箱内，把图书放在小书柜，弄乱时自己整理好，等等。在整理自己东西的同时，不知不觉中就会养成独立的个性。

再次，让孩子做一些力所能及的家务事，可以培养孩子的独立性，并让孩子更具责任感。比如，让孩子帮忙擦桌子、扫地等。孩子完成任务后，及时表示感谢并给予鼓励，这既表示了对孩子的尊重，又锻炼了孩子的生活能力。

又次，父母教育孩子要有耐心。有的家长受不了孩子的慢动作和草率，索性代劳，甚至孩子想表达自己的意见时，父母也抢先说。这种不耐心倾听的后果，就是干扰孩子创造性的思考过程，让他变得沉默、依赖。培养独立性不仅仅需要孩子身心发展的成熟，也需要孩子后天的学习，父母不能操之过急，因此剥夺孩子学习的机会。

最后，孩子提出疑问时，家长不要急于给他完整的答案。对问题疑惑时，正是孩子智能活跃、独立思考的最佳机会，所以家长应该给孩子一把“钥匙”，让他在大人的引导下去思考，直至找到解决问题的方法。

给父母"穷"养男孩的忠告

意大利著名教育家蒙台梭利说："要让孩子懂得自己照料自己。他不用帮助就知道怎样穿鞋子，怎样穿衣服，怎样脱衣服。他的欢乐映照出人类的尊严，因为人类的尊严是从一个人的独立自主的情操中产生的。"

男孩，要有自己的见解

很多人都有随波逐流的从众心理，做事的动机不明确，看到别人怎么做自己也怎么做，缺乏自己的主观见解。在通往幸福、快乐、成功的道路上，他们只是沿着约定俗成的标准前进，长此以往，他们就会渐渐失去自我；而那些能在无数人的否定中肯定自我的人，往往能渐渐地走向成功。可见，让男孩拥有自己的见解，持有自己心中的评判标准，才能最终有所成就。

1893年，爱德华•阿德尔伯特•多伊西出生于美国伊利诺伊州。当时正是美国严重经济危机时期，成千上万的工人失业，景象惨淡。只有工程技术人员因为不可或缺，工作相对稳定。这种现象给多伊西的父亲留下了深刻印象，他感到自己的孩子长大以后也应该成为一个工程师，才能有一个“铁饭碗”。

于是，从多伊西的中学时代起，父亲就严格要求他学好学校规定的那些刻板的功课。但是，多伊西爱好广泛，他喜欢阅读哲学、伦理学等多方面的书籍，尤其对生物、化学和物理方面的课外读物有着极大的兴趣。聪明的多伊西从小就有这样一种本领：既能把精力投注到自己感兴趣的知识领域，又能对自己并不热衷的功课应付自如。在整个中学时代，多伊西始终保持着中等偏上的成绩水准，父亲对此情况也觉得颇为正常，对儿子的兴趣倾向便不闻不问。

到 17 岁多伊西高中毕业考大学时，父亲坚持己见，让儿子报考了伊利诺伊大学工程学院。尽管多伊西深爱着生物化学，但父命难违。可是，大学的功课应付起来却不像中学时代那样轻松自如，多伊西在第一学期期末考试时只勉强达到每门及格，这让系里的老师们备感诧异。在老师的眼中，多伊西总是手不释卷，非常认真勤奋，一般来讲是不应该只有这样的成绩的。

一位导师找到多伊西与他谈心，导师问他：“你平时相当勤奋，为什么功课却学不好呢？”多伊西坦率地说道：“我对学校规定的功课没有兴趣，我平时看的书几乎都不是必修和选修课程。”

导师更加奇怪：“既然你不喜欢工程方面的东西，当初为什么要报考工程学院呢？”

多伊西解释道：“那是我父亲的主意，他认为学工程的人在社会上会有更强的竞争力，会比较容易立足，但我的兴趣确实不在这方面。”

导师把多伊西的这一特殊情况汇报到校方，不久，多伊西就如愿以偿地转到自己所喜欢的应用科学院的生物化学专业试读。父亲此时也不好再强加干涉，只能听之任之。

伊利诺伊大学规定，像多伊西这种情况的转系生必须补修相关的专业知识。但多伊西凭借自己深厚的积淀，不仅没有补修，反而在考试中提出许多颇有见地的思想方法，成绩名列前茅，使老师和同学们对他这个插班生刮目相看。

1914 年，年仅 20 岁的多伊西就获得了学士学位，此后，他一边在哈佛医学院任助教之职，一边继续攻读硕士学位。两年后，他又以优秀的硕士学位论文引起了人们的关注，很快成为生物化学界公认的后起之秀。

1919年，25岁的多伊西开始在华盛顿大学任教，并在哈佛大学攻读他的博士学位。仅用了一年时间，他就通过了博士论文，成为一名有国际知名度的青年学者。

1943年，多伊西因成功地分离出维生素K，并确立它的化学结构，获得了生理学及医学界的最高荣誉——诺贝尔奖。

多伊西的父亲根据自己的生活经历和分析，认为让儿子做一个工程师才是他最好的出路。于是，他沿着这个目标，严格要求多伊西向这方面发展，直到多伊西考入伊利诺伊大学的工程系。但是，父亲的压力并没有让多伊西走上工程师之路，在导师的帮助下，多伊西终于转到自己喜欢的应用科学院学习生物化学，并不断取得傲人的成绩。多伊西是一个有足够毅力和才智的男孩，所以他一直没放弃自己对生物化学的热爱，全心全意地投入其中并取得突出的成就。

由此可见，独立的见解是孩子受用一生的宝贵财富。父母在家庭教育中，应该尊重孩子的看法，鼓励孩子坚持自己的见解，可以给予孩子必要的建议和引导，但不能动不动就用家长的权威来压服，让孩子的身心受到伤害。

“横看成岭侧成峰，远近高低各不同。”凡事很难有统一定论，别人的意见可以参考，但不能代替自己的主见，自己前进的步伐不能被他人的论断所束缚。

一位画家把自己的画放到展厅去展出，为了能听取更多的意见，他特意在画作旁边放了一支笔，可以让每位观赏者直接圈点败笔之处。当天晚上画家去取画时发现：整个画面都被涂满了记号，没有一笔一画不被指责的。他很沮丧地把这次尝试告诉一个朋友，朋友建议他临摹一张同样的画去展出，只要求每一位观赏者圈点妙笔之处。结果他再次取画时，发现画面同样被涂满了记号。原来曾被指责的地方，都换成了赞美的标记。如果这个画家第一次取画时就沮丧颓废，对自己失去信心，他永远也不会知道，自己的画还会得到这么多的赞赏。

一味听信于人，就会丧失自己，患得患失，诚惶诚恐。遇事没有主见，没有自己的原则和立场，不知道自己能干什么，会干什么，就无法迈向成熟。所以，教男孩做人做事，一定要有自己的见解，仔细冷静地思考，辨明是非，判断出正确的立场和观点。如果遇到别人提出反对意见，就不敢继续做下去，没有主见和定力，可能还会迷失自我。

在家庭教育中，如果男孩整天活在家长的影子里，日久天长，难免会有随波逐流、一味依赖他人的心理，没有自己的主见就会失去一个男子汉最起码的判断标准和价值取向。因此，在日常生活中，父母应该有意识地培养孩子的自主能力，让他们拥有自己的见解，活出自己的最佳状态。

给父母“穷”养男孩的忠告

要培养男孩的自主性，让他们拥有自己的见解，首先要求家长有自己的主见。如果家长本身就缺乏主见，常常担心别人指点怀疑，也无法培养出具有独立人格和独自见解的孩子。

让男孩独立解决问题

美国心理学家通过研究发现：孩子能否成功解决问题，更多地取决于他的经历而非聪明程度。有的家长认为孩子年龄小，不具备解决问题的能力，实际上，孩子很小的时候就会运用一些策略和办法来解决问题。

当男孩遇到问题时，家长最好不要包办代替，擅自帮助孩子或代替孩子作决定，剥夺孩子锻炼的机会，以至于孩子独立解决问题的能力退化，遇到问题时束手无策。正确的做法是：给予孩子足够的机会、适当的鼓励和具体的指导，让孩子学着自己解决问题。

某地举办家教故事征文比赛，一位小学生写的文章《"懒"爸爸》获得了一等奖。文章写道：

过去，我曾经仔细观察过邻居家孩子的爸爸。他们给自己的子女做事都很勤快，只有我的爸爸最“懒”。记得小时候，我刚学会走路，走得不稳，跌倒在地，哭着要爸爸把我扶起来。爸爸却不慌不忙，也不动手，而是用鼓励的眼光看着我：好孩子，自己爬起来！

我的球鞋脏了，妈妈要给我洗。爸爸却阻拦说：“让他自己去洗嘛。”我只好硬着头皮自己去洗。

我看课外书，有的字不认识，去问爸爸。他不告诉我，却对我说：“你自己去查字典嘛！”

我做作业有的数学题不会做，去问爸爸。爸爸也不告诉我怎么做，却对我说：“你自己设法搞清楚已知条件和未知条件的关系嘛！”

我小时候很喜欢玩玩具，不知从什么时候起，我更爱拆玩具。玩具狗为什么会叫？汽车为什么能跑？我想方设法把它拆开，要看个究竟。结果是能装好的少，拆坏的多。爸爸知道了，一点儿也不生气，指导我重新把玩具组装好。

爸爸喜欢听收音机。一天，他说：“收音机刚换的电池为什么不响了？”我说：“可能是出毛病了。”爸爸让我试着修理，还给我找来了万用表。我按着收音机安装线路图，用万用表反复查找，终于找出了毛病，我美得不得了。

爸爸“懒”得管的事，“懒”得告诉我的事，我都自己学会了。

我的“懒”爸爸啊！您的苦心，我终于明白了。

最开始，这个小学生对爸爸的“懒”还有抱怨情绪，当他自己学会了本领，增长了知识时，才真正了解“懒”爸爸的良苦用心。他明白爸爸不是真正的“懒”，而是给自己留下了动手、动脑的空间，给他创造了亲身实践，在实践中获得知识和才干的机会。如果爸爸非常殷勤，事事包办代替，恐怕他什么也学不会，事事无能。

家长太勤快，男孩就会变懒。现实生活中，那些懒惰、能力差的孩子，差不多都是因为父母代劳解决问题惯出来的。从小让男孩学会自己解决自己的事情，培养孩子的独立精神，对孩子的后天成长具有重要的作用。著名作家萧乾自幼失去父亲，家里生活艰辛。在他10岁时，家中主事的三堂兄让他辍学去当邮递员，他坚决不从，不惜与家庭决裂，仍要坚持走自己的路。后来他感叹人生是自己一步步走出来的，如果什么事都听从家里决定，他很可能只是一个邮递员。

实践出真知。把问题摆在男孩的面前，让他发挥主观能动性，自己去寻找解决问题的途径和方法，就是一种学习的方法和过程。家长表现得太勤快，帮孩子做事情，实际是剥夺了孩子实践的机会，堵塞了孩子实践的路径。所以，对于孩子的问题，家长还是“懒”一点儿好。

在家长的引导下，让男孩亲身实践，解决实际问题，有利于增强孩子克服困难的信心和勇气。如果不去做事情，就什么也学不会、做不好，越是做不好越是容易产生懒惰自卑心理。谁也不是生下来就会做事的，无论什么事，不亲自做一下就总也学不会。只要做成一件事，孩子就有兴趣和信心做第二件事，成功的次数多了，自信心就建立起来了。

在日常生活中，家长也可以通过各种办法来培养男孩独立解决问题的能力。

1．放开手脚，做个“懒”人。凡是孩子自己的事，放手让他独立去做。当孩子具备了自己解决问题的生理和心理条件时，剥夺孩子的锻炼机会，无异于扼杀孩子独立解决问题的能力。家长不如放开手脚，比如，让孩子自己穿衣服，尽管一开始会穿得乱七八糟，但孩子从中汲取了经验，以后会穿得更整齐。父母可以给予必要的指导，但绝不能包办代替。

2．创造条件和机会，培养孩子的独立意识和能力。国外的家长在假期中，会让孩子出去打工，体验生活的艰辛。孩子年满 18 岁，就会让孩子去独立生活。孩子在实践的锻炼中，逐渐拥有了独立的意识和能力。中国的家长大多缺乏这方面的意识。因此，要想培养孩子的独立意识和能力，父母先要解放思想，放手让孩子独自解决遇到的问题。比如，孩子与小朋友打架时，让孩子自己去处理；有关孩子的事情要征求孩子的意见后再作决定。孩子可能不会做得很恰当，但通过处理这些小事情，孩子才能逐渐成熟起来。

3．设置疑难问题。生活中有很多解决问题的机会，家长可以适当把一些机会留给孩子。只要孩子能做的事，大人绝不代替，让他亲自去体验，自己能拿的主意让他自己拿。如给4岁的孩子买东西时，可以把钱给孩子，让孩子自己去买。

4．用欣赏的眼光看待孩子。孩子毕竟是孩子，他们解决问题的方式及能力也许不合乎成人的观念，但父母仍要用一种欣赏的眼光来看待。一个欣赏的眼神，一个鼓励的拥抱，都能给孩子无穷的力量，让孩子更积极地去解决遇到的问题。

男孩终将独立地面对未来的社会，独立地面对所有问题，父母不可能给予孩子未来的一切。但是，如果父母给予孩子解决问题的能力，他们就会拥有创造未来的机会。

给父母“穷”养男孩的忠告

培养孩子做事的积极性，认真听取孩子的意见和想法，让孩子明确感受到父母的支持。让孩子参与决定家庭事务，尤其是与孩子相关的事，家长可以让孩子开动脑筋参与决策。

第四章

“穷”途末路始奋起——经历挫折洗礼的男孩最有出息

绝不能忽视男孩的挫折教育

在当今社会，随着家庭条件的改善，很多家长都不愿意让自己的孩子再像父辈们那样受苦。在这样的家庭环境中，孩子们也逐渐成了“生长在温室里的花朵”，受到众星捧月般的呵护；生活中家长唯恐孩子吃一点儿苦、受一点儿委屈。但是，这些父母没意识到，挫折教育是孩子更为重要的需求之一。

据有关部门统计，近几年我国中小学生的心理疾病发病率呈逐年上升的趋势。我国东北某省的调查数据表明：中学生中近三成的人具有心理异常表现，如厌学、单相思和离家出走等。在回答“遇到挫折怎么办”时，至少有九成的中小学生想到的是找家长或老师帮忙，而不是自己想办法解决困难。

针对这一现象，儿童教育专家指出，家庭教育不当是孩子承受挫折能力差的重要原因。很多家长在孩子遇到困难时，更多地想到的是包办，这就导致孩子无法真正获得提高实践能力的机会，孩子“自我负责”的意识也难以得到培养。长此以往，当孩子真正面对社会上的竞争，不能事事满足时，自然会产生强烈的挫败感。家长的过分呵护会使孩子产生被动、胆小、依赖性强的心理；也有家长限制孩子与外界接触，担心孩子遇到危险，使其产生孤僻心理。

美国一位儿童心理学家说：“有幸福的童年的人，常有不幸的成年。”很多在小时候没有遭受挫折的孩子，他们长大后往往会因为不适应复杂多变的社会而痛苦不堪。人的一生不可能是一帆风顺的，孩子的挫折是他成长过程中所必经的磨炼。孩子是需要鼓励，可如果孩子一遇到困难父母就要包办，长此以往，孩子也就没有了战胜困难的动力，这不是事与愿违了吗？

草地上有一个蛹，一个男孩发现并把它带回了家。过了几天，蛹上出现了一道小裂缝，但里面的蝴蝶挣扎了好长时间也出不来，身子似乎被卡住了。天真的孩子看到蛹中的蝴蝶痛苦挣扎十分不忍。于是，他用剪刀把蛹壳剪开，帮助蝴蝶脱蛹出来。然而，这只蝴蝶没有经过破蛹前必须经过的痛苦挣扎，以至于它出壳后身躯臃肿，翅膀干瘪，根本飞不起来，不久就死了。自然，蝴蝶的欢乐也就随着它的死亡而永远地消失了。

这个小故事也说明了人生的一个道理：能够承受痛苦和挫折才能得到快乐。人生在世，谁都难免遇到挫折，适度的挫折可以帮人驱走惰性，促人奋进。挫折也是一种挑战和考验，超越自然的奇迹多是在对痛苦和挫折的征服中出现的。

人的本领是在艰苦奋斗中锻炼出来的。自古以来，往往是那些为了摆脱贫困而艰苦奋斗的孩子最终成了可造之才。很多家长慨叹：“我们小的时候没人管也挺懂事的，现在的孩子天天说着看着却还是让人操心。”为什么如此？因为那时候家里孩子多，家长管不过来，这给孩子提供了施展才能的空间，许多事情都要自己做。那时候的生活都不富裕，孩子习惯了苦也就不觉得苦，后来为了富裕的生活发奋努力，从而成就人生。

因此，父母应重视创建宽松的家庭氛围，培养男孩的受挫能力。家长不仅仅要关注结果，更要关注男孩在做事过程中如何克服困难，磨炼其意志，引导孩子学会处理问题的方法。让男孩从小做好经受苦难、战胜挫折的思想准备，对于孩子自己能做的事，一定要孩子自己来做。父母也要以身作则，把自己生活和工作中克服大大小小的困难的事例告诉男孩，并与之分享战胜挫折后的快乐。父母还可以要求男孩将其克服挫折的经历记录在案，日后提醒其查看记录，以自己为榜样，自我激励，战胜挫折。同时，家长不要把过失和责任都揽在自己身上，不分原则地随意同情孩子，否则会养成孩子推卸责任的习惯。有效的挫折教育将使男孩学会豁达地看待挫折，尽快重新振作，逐步走向成熟。

对孩子的教育是一个不容忽视的问题，每一位家长都责无旁贷；同时，挫折教育也是一个长期反复的过程，每位家长都要持之以恒，不断积累经验和教训。所以，家长一定不要回避男孩的挫折教育，而是教会男孩或者让男孩去体验如何面对生活的挫折。这样，男孩将来面对挫折时，才能泰然自若，保持乐观，才能虚怀若谷，大智若愚，保持恬淡平和的心境。

给父母“穷”养男孩的忠告

男孩的生命中不可避免地充满各种挫折和挑战，父母要重视孩子抗挫折能力的培养。首先让男孩明白这既是前进的障碍、挑战，又是磨炼自己的机会。其次，父母应有针对性地把生活中的实际问题摆在孩子面前，让他寻找解决问题的办法，从孩子对这些问题的接触和探讨过程中，增强他应对挫折和困境的勇气与能力。当挫折和痛苦无情地袭来之时，坚强的意志和勇敢的超越让男孩成为凌驾于它们之上的英雄。

让男孩坦然接受命运的挑战

男孩一生中总会遭遇各种境况：挫折、失败、压力、危险、绝望、痛苦、恐惧……这些逆境会像潮水一样不断涌来。面对命运的各种挑战，父母要激励男孩鼓起勇气，不服输，坦然接受命运的挑战。

父母还要让男孩明白：上帝是公平的，他不会偏爱任何人。想想那些取得卓越成就的人，难道他们没有受到过来自命运的挑战？但他们从不服输，坦然迎战，最后才从人生的低谷中走了出来。爱迪生寻找钨丝，历经千百次失败，但他不气馁，不向命运低头，继续探索，日日月月、月月年年，终于在不懈的奋斗中为我们送来了光明；贝多芬两耳失聪，对以音乐为生命的人来说，无疑是致命的打击，但即便如此，他没有放弃、没有悲观，微笑着迎接挑战，最终成为著名的音乐家；林肯竞选议员连续多次受挫，但他不气馁，不懈地追求着心中的事业，最终成为总统。此外，像诺贝尔、袁隆平、李振声的发明创造，无不屡遭挫折、失败，但他们都以豁达、积极的不服输的心态去迎接命运的挑战，最终，成功之门终于向他们打开。

面对生活的挑战，父母要多给男孩讲这些伟人的故事，让孩子坦然接受命运的挑战，不向命运低头；让孩子有一颗不服输的心，哪怕被命运踩至底层，也要力求做最好的自己。

男孩在成长阶段将会面对不同的人生际遇，命运有时会垂青他，让他做生活的主角，做众人瞩目的“明星”；有时会漠视他，让他成为生活的配角，成为一个不为人知的“小角色”。即便如此，父母也要教导男孩不能认输，即使是做“小角色”，也要做到出色。无论命运赋予自己什么角色，都要力争做最好的自己。

命运对男孩提出的挑战形式是多种多样的，失败、困境、难关、痛苦……面对这些挑战，男孩应该怎么做？他们又会做出什么样的应对？为了让男孩顺利渡过这些难关，不被这些挑战难住，父母可以参照以下的建议帮助他坦然应对挑战。

1. 父母要在日常小事中刻意让孩子自己去应对挑战。比如，在吃罐头时，让孩子自己想办法去打开罐头盖；在带孩子出去玩时，让孩子选择出行路线，确定如何转乘公交车或地铁，如果要做的公交车一直不来，问问孩子应该怎么办；吃晚饭时突然停电了，让孩子想想解决的办法；等等。小事虽然小，但也能锻炼孩子，父母可以让孩子在日常小事中去实践如何应对挑战。

2. 父母要告诉孩子一些常识，让孩子懂得如何克服困难。比如，孩子的自行车刹车出了问题，父母可以告诉孩子尝试通过一只脚与地面的摩擦来使自行车停下；带孩子到郊外玩儿，孩子走到了一块淤泥地，脚陷进了淤泥，这时父母可以找一块木板让孩子趴在上面，再慢慢地把脚抽出，并告诉孩子通过加大接触面能降低物体对单位面积的压力，从而让孩子懂得摆脱困境的道理；在游泳时，孩子的游泳圈突然漏气了，父母可以告诉孩子尝试用几个空的饮料瓶临时做一个游泳圈；等等。这些看似学科性很强的物理原理，其实在现实生活中的应用非常广泛，父母只有告诉孩子这些常识性的东西，才能让孩子临危不乱。

3. 父母要教给孩子摆脱心理负担的方法。比如，当孩子考试分数很低时，父母可以帮孩子分析原因，可能是试题太难了，这样孩子就不会太自责；当孩子被同学们嘲笑时，父母要让孩子知道人无完人，每个人都有缺陷，不要因为自己在某方面不如别人就自暴自弃；当孩子付出了很大的努力依然得不到好的结果时，父母可以告诉孩子任何事情都不是一蹴而就的，都需要长期坚持不懈的努力才能有好的收获；等等。父母只有让孩子认识到事情的本质和规律，孩子才不会因为一时的挫败而感到长久的悲伤。

在男孩的生命长河中，不管命运对他是垂青还是漠视，是眷顾还是遗忘，无论他身处顺境还是逆境，都要坦然地接受命运的挑战，心怀一颗不服输的心，不向命运低头。这样，即使没有鲜花和掌声，他的人生也将是绚丽多彩的。

给父母“穷”养男孩的忠告

巴尔扎克说过：不幸，是天才的进升阶梯。温室花朵纵然美丽，却承受不了斜风细雨，在这一方面，连一根平凡无奇的小草都比它强大。人亦如是，纵然你有优越的条件，不必承受狂风暴雨，但你不能坦然地去接受。一旦你接受了，那么你就会像温室中的花朵一样，经受不了半点儿的斜风细雨，迎接你的将会是一败涂地。因此，父母要让孩子经历一些苦难，让他们勇敢坚定地走好生命中的每一步。

让性格软弱的男孩勇敢起来

把男孩培养成为一个坚强勇敢、敢作敢为的男子汉是所有父母的愿望，没有哪个父母愿意自己的儿子将来畏首畏尾、胆小懦弱。但很多家长越是往这方面努力，越事与愿违。生活中很多男孩都性格软弱，缺乏勇气。

性格软弱的男孩，最突出的表现是畏首畏尾、胆小怕事、缺乏独立性、过分依赖亲人、在陌生人面前不敢说话、遇到困难只会哭等。有的男孩晚上常常不敢独自睡觉，长大了还依偎在妈妈身边，大白天见了小虫也会吓得嗷嗷叫。甚至有媒体报道，有个高中生因为怕黑而要求家长在晚自习放学后接自己回家，直至高中毕业。面对这种情况，我们不禁会产生这样的疑问，孩子的勇气去哪儿了？

飞飞是个胆小的男孩，性格略微内向。未读幼儿园前还可和其他小孩正常玩耍，到别人家也可待上半天，玩得很开心。但自从上了幼儿园后却变得非常胆小，到别人家不敢动，怕得要命，做什么事情都要不停地问可不可以，大人对他说话稍微大声点儿他就哭。听老师说，飞飞是班里最听话的小朋友，平常也不会惹事。但飞飞上课从来不敢举手回答问题，更不敢向老师提出问题，只是默默地坐着当听众、当观众。老师点名叫他回答问题，他半天开不了口，即使开了口声音也很小，吞吞吐吐，词不达意。下课之后，飞飞也很少跟同学们在一起玩游戏，多数都是坐在座位上看书。即使老师要求他跟小朋友一起玩儿，他也只是在一旁静静地待着，从不参与玩耍、游戏。现在，父母在家里根本不敢说他，在外表现也很差，在生人面前根本不敢说话，一有什么事就非常惊恐。飞飞的父母对他的表现感到十分苦恼，不知道该怎么办才好。

在男孩的性格形成时期，他们表现出的这些性格意志的缺陷，父母应引起重视并及时进行帮助、引导。

儿童心理学家认为，男孩之所以性格软弱，缺乏勇气，很大程度上是因为后天因素造成的，其源头在于父母的不当教育，归结起来有如下几点。

首先是父母不恰当的批评和指责。比如，有些男孩好动，很愿意主动帮爸爸妈妈做家务，但由于能力有限，可能会帮倒忙。此时，如果父母因孩子犯了错误而对其批评指责，会使孩子怀疑自己的能力，孩子很可能以后不论干什么，都怕做错事而挨批评，时间长了也会使孩子养成胆小怕事的性格。

其次是父母经常暗示、恐吓孩子。比如，在打雷下雨的夜里，孩子正在床上安静地睡觉，此时妈妈惊慌失措地赶紧把孩子搂在怀里，孩子从妈妈惊恐的动作和雷电的惊吓中知道了闪电的可怕，以后只要是听到闪电或类似闪电发出的声音，都会害怕，久而久之就会变得胆小怕事。再比如，孩子总有不听话的时候，不想吃饭，不想睡觉，不想做作业等。很多家长为了让孩子听话，不是对孩子讲道理进行说服，而是想尽各种办法来吓唬孩子。在这样的家庭氛围中长大的孩子能胆大吗？

再次是父母限制孩子与他人交往。很多家长为了让孩子专心学习，常常限制孩子的自由，不让孩子与别的孩子交往。孩子想和其他小朋友出去玩儿，家长也会阻挠：“整天就知道玩儿，还不快做作业去。”这样，孩子就会缺乏与人交往的锻炼，在与陌生人交际时，就会显得畏畏缩缩，连一句话都说不出来。

最后是父母过分娇惯孩子。疼爱孩子是人之常情，但父母对孩子的溺爱会使孩子丧失锻炼的机会。很多孩子在家长的长期庇护之下，连最基本的生活能力都没有。家长的娇惯，很大程度上弱化了孩子的能力。孩子在家中像个“小皇帝”“小公主”，但胆子却越来越小。

性格软弱、缺乏勇气是很多男孩普遍存在的问题， 男孩性格软弱，如果不及早调教，长大以后就难以成为一个可以独当一面的男子汉。那么，如何改变男孩胆小的性格呢？专家表示，父母应该反省自己的教育方式，多从自身寻找原因，然后才能采取适当的措施来增加男孩的勇气。塑造男孩坚强的个性可从下面几个方面着手。

1. 让孩子有独立的机会。父母凡事都给孩子做主，从不给孩子锻炼做事的机会，逐渐让孩子失去独立意识，导致了孩子独立生活能力的萎缩，这是形成男孩性格软弱的重要原因之一。要把男孩培养成为强者，家长首先要鼓励孩子做一些力所能及的事，比如，自己扫地、穿衣服、摆碗筷等。这些小事对培养男孩独立勇敢的品质很有益处。

2. 鼓励孩子开展人际接触。儿童心理学家指出，孩子的性格在与别的孩子交往和日常生活中表现得最为明显，这也是纠正孩子懦弱性格的最佳途径。比如，孩子通过与同伴互动，或者模仿大人的行为，可以间接做一些平时想做而不敢做的事，慢慢地他的勇气也会增强。

3. 尊重孩子，不当众揭孩子的短儿。相对来说，性格软弱的男孩比较内向，感情较脆弱。如果父母当众揭孩子的短儿，不但无益于纠正其懦弱的性格，反而会损伤孩子的尊严，无形中的不良刺激可强化孩子的弱点，让孩子在胆怯中更难以昂首挺胸。

4. 让孩子大胆地说话。要做到这一点，功夫还是在父母身上。一些性格懦弱的男孩不喜欢多说话，对这样的孩子，父母应尽量少讲“你一定这样或那样做”之类的话，而应多讲“你看怎样办”“你的想法是什么”这类的话，给孩子留有独立思考并发表自己意见的空间。如果条件允许，父母还可以经常带孩子到一些视野、空间开阔的地带，鼓励孩子放声宣泄。

给父母“穷”养男孩的忠告

男孩在小的时候心理发展还没定型，具有极大的可塑性，而学前期又是孩子性格形成和发展的关键期。因此，父母一定要正确对待孩子软弱的特点，对症下药，帮助男孩形成良好的性格特征，让他们更加健康快乐地成长！

男子汉跌倒了要自己爬起来

在男孩成长过程中，跌倒是常有的事，而跌倒后让他自己爬起来，对其健康成长的意义再怎么强调都不过分。如果父母看到孩子遇到一丁点儿困难就介入其中，把孩子从困境中解救出来，充当孩子的保护神，孩子就会失去用自己的能力解决问题、克服困难的成长机会，也无从掌握解决问题、战胜困难的方法，也就变得懦弱、胆小怕事。

从小培养男孩“跌倒后自己学会爬起来”的习惯，他的体力、灵巧性、独立性、意志、毅力、忍耐度等都会在“爬起来”的过程中得到训练，甚至智慧、观察、决策等也在其中得到培养。在以后成长的道路上，他才会站得更稳，走得更好。

当男孩跌倒时，他要忍住疼痛，向四周观察有没有可以扶的物体，然后决定以哪个物体作为依靠，并爬向可以扶的物体，再努力扶着物体爬起来。“啊，我站起来了！”这就是男孩最早的成功体验。如果这时父母鼓励他“宝贝很能干，自己会爬起来”，就更加深了男孩这种成功的愉快体验。男人的独立、自信、乐观便是从这时候开始萌发的。男孩有了这种独立、自信、乐观，在以后的成长道路上，他们才能逐渐学会如何面对困难，才能学会坚强，成为真正的男人。

俗话说：“跌一跌，大一大。”哪个孩子在小的时候没跌过跤？小男孩洋洋也是如此。在他刚学会走路时，特别喜欢自己走，不愿意让大人搀扶。因此，他的额头上经常跌得青一块紫一块的，有时候跌出血也在所难免。

有趣的是，在洋洋跌倒时妈妈一般不去扶他，只是说：“洋洋很能干，自己会爬起来。”洋洋也不哭，他通常会昂起头，朝四周看看，就爬到桌椅或墙角，然后自己扶着桌椅腿或墙爬起来。有时候洋洋在妈妈的身边跌倒了，妈妈也“视而不见”，洋洋就扶着妈妈的腿吭哧吭哧爬起来。

有自制力和毅力的父母才能培养出坚强、独立、勇敢的孩子。有时候洋洋也会跌破头，看着受伤的洋洋，妈妈当然是很心疼的。可是妈妈认为伤痛已产生，孩子必须忍受。她总是尽量控制自己，表现出平静的样子，然后鼓励孩子站起来，并一边仔细查看伤口，一边视实际情况，或转移洋洋的注意力，或给予安慰。

通常情况下，看到受伤的洋洋，妈妈会蹲在洋洋身边，问洋洋：“刚才跌在哪里了？”“为什么会跌到？”意在让洋洋记住以后走路要小心。

妈妈这样教育洋洋可谓是用心良苦，“有意而为之”，因为她知道，对于洋洋，自己爬起来不仅可以让他的身体得到锻炼，而且有助于培养他顽强、独立、机灵的“男子汉”品质。

俗话说：“不经历风雨，怎能见彩虹。”家长与其为孩子遮风挡雨，还不如让他们从小接受暴风雨的洗礼，让他们跌倒后学会自己爬起来。现在，每家都有一个“小皇帝”，家里的所有大人都围在他身边，他就像温室中的花朵，娇艳但无比脆弱。等他渐渐长大，不能不让人担心他是否能经历外面的狂风暴雨，他脆弱的身体和意志能否渡过人生一个又一个的难关。

刚学走路的孩子会时常跌倒，对待跌倒的孩子，中国和美国的家长，通常采取不同的做法。

在中国，父母的普遍做法是“扶起来”。孩子不小心跌倒后，家长多半是赶快跑过去扶起孩子，给孩子拍掉身上的灰，安慰孩子不要哭。有的家长扶起孩子后不再让他自己走，而是抱着孩子走路。有的家长会以向地出气的方式安慰孩子，说“这地真坏，妈妈打它”。这样的教育方法使得孩子脆弱、独立性差、过分依赖父母。

在美国，父母会说“自己站起来”。美国家长带着孩子玩儿时，小孩跌倒了，都不去帮忙扶起来。他们通过这种方法教育孩子，让孩子从跌倒的地方自己爬起来，从小就养成独立生活的能力。美国家长的这种做法，让孩子知道跌倒是因为自己不小心，因此今后要注意不再跌倒。这样既可以锻炼孩子的毅力，又可以培养他独立生活的态度和能力。

科学家做过一个跳蚤实验。他们把一只跳蚤放进一个玻璃杯里，跳蚤轻易地跳了出来。再重复几遍，结果仍然相同，原来跳蚤跳的高度一般可达它身体长度的40倍左右。接下来科学家在杯上加一个玻璃盖，跳蚤重重地撞在玻璃盖上。跳蚤十分困惑，但它没有停下来，因为跳蚤的生活方式就是“跳”。经历一次次被撞后，跳蚤变得聪明起来，它根据盖子的高度开始调整自己跳的高度。再过一阵子后，这只跳蚤再也没有撞击到这个盖子，而是在盖子下面自由地跳动。

一天后，科学家轻轻地拿掉玻璃盖，跳蚤仍然在这个高度继续跳。三天以后，科学家发现这只跳蚤还在那里跳。一周以后，这只跳蚤还在玻璃杯里不停地跳着。其实它已经无法跳出这个玻璃杯了。是跳蚤真的不能跳出这个杯子吗？绝对不是。只是它的心里面已经默认了：自己无法跳出这个杯子。

如果孩子跌倒了，父母就马上过去帮忙，那样会让孩子没有机会树立重新站立起来的希望，估计他们也会和跳蚤一样逐渐对自己丧失信心，独自缩在角落里哀鸣。人生的旅程中，绝对不会永远是平坦大道，坎坷、荆棘、困难都会与人为伴。要生存，要发展，就要同困难交锋，与挫折抗争。一个从小娇生惯养、溺爱过度的孩子，在困难面前容易跌倒，也不会自己爬起来。敢于交锋和抗争者，即便跌倒也会爬起来，最终成为命运的主人和事业上的成功者。

给父母“穷”养男孩的忠告

人跌倒了并不可怕，可怕的是跌倒了没有勇气爬起来，一味等待别人来扶，或是自暴自弃，一蹶不振。马克思说：“人要学会走路，也得学会摔跤，而且只有经过摔跤，他才能学会走路。”所以，每位家长都应告诉儿子：“无论何时，跌倒了要自己爬起来。”

教会男孩与挫折握手言欢

一位日本学者说：“任何事情都要自己努力去做，对孩子进行努力教育和挫折教育，让他们在失败中学会本领，将来才能自食其力。”人生不会永远春风得意，也会遇到挫折与坎坷，没有经历过失败的人就体会不到成功时的快乐。

可是，现在的孩子已经习惯于对父母的依赖，从小学、中学、大学、就业到成家，都是父母在承受生活的压力，而孩子对各种困难几乎没有体验，而且缺乏忍耐力，一旦遭遇挫折很容易被击垮。因此，父母应该教育男孩正确看待挫折，越过挫折，与挫折握手言欢。

著名史学家司马迁，10岁随父亲至京师长安，向伏生、大儒孔安国学习。他家学渊源既深，复从名师授业，启发诱导，获益不浅。适逢汉王朝国势强大，经济繁荣，文化兴盛，这丰富了司马迁在京城里的见闻，激发了他的热情。

元封元年，汉武帝举行大规模的巡行封禅，司马迁的父亲司马谈是史官，本应从行，但因病死在洛阳。于是，司马迁继承父亲遗志，赶到泰山，参加封禅，随后沿着东海，绕道长城塞外回到长安。太初元年，司马迁开始编写《史记》。

天汉二年，李陵出塞攻打匈奴，战败被俘。汉武帝本以为他战死了，后来却听说他投降敌军，愤怒万分。满朝文武官员一改几天前称赞李陵英勇的颂词，纷纷指责他的罪过。汉武帝询问太史令司马迁的看法，司马迁一面安慰武帝，一面为李陵辩护，触怒了汉武帝，被投入监狱。次年，汉武帝杀了李陵全家，对司马迁处以宫刑。宫刑是奇耻大辱，污及先人，见笑亲友。司马迁悲痛欲绝，甚至想到了自杀，可是后来想到自己多年来搜集资料，要著史书的夙愿，为了完成《史记》的写作，他忍辱负重，苟且偷生。

司马迁从元封三年任职太史令开始阅读、整理史料，准备写作，到太始四年基本完成全部写作计划，总共历时16年。《史记》是他用一生的精力、艰苦的劳动，并忍受着肉体和精神上的巨大痛苦，用整个生命写成的一部永远闪耀光辉的伟大著作。

人在遭受无妄之灾时，通常有两种选择：要么悲观消沉，要么发愤图强。司马迁选择了后者，他秉着“究天人之际，通古今之变，成一家之言”的目的，把自己心中所有的“愤”都倾注到《史记》的创作中。他以传、纪为形式，以社会为中心，为后人记载并展示了一部规模宏大的社会变迁史。无论在历史上还是文学上，司马迁都取得了光辉的成就。

巴尔扎克说：“挫折和不幸，是天才的进升之阶，信徒的洗礼之水，能人的无价之宝，弱者的无底深渊。”贝多芬自幼跟父亲学习音乐，8 岁就登台演出，22 岁到维也纳深造，创作了大量充满时代气息的优秀作品，对世界音乐的发展有着举足轻重的作用，被人尊称为“乐圣”。贝多芬一生坎坷，26 岁开始耳聋，晚年全聋。对于一个音乐家来说，没有比失聪更可怕的了。但他凭着对艺术的爱和对生活的爱，最终战胜了个人的苦痛和绝望，将苦难转化为他创作力量的源泉。在他生命的最后 10 年中，他在耳朵全聋、健康情况恶化、生活贫困的夹击下，忍受着肉体和精神的重重折磨，以顽强的毅力创作了《第九交响曲》，展现了人类的美好愿望。

鼓励男孩正确看待生活中的失败和挫折，可以帮助孩子驱走惰性，促使孩子奋进。失败与挫折是一种挑战和考验，它既可能让孩子走向成熟、获得成就，也可能破坏孩子的前途，所以关键在于孩子如何面对挫折。

逆境和挫折是一所好学校。人走路时免不了会跌跤，孩子在从小到大的成长过程中，免不了要碰到数不清的麻烦。经过逆境的打磨，孩子逐渐学会逆事顺办，学会控制自己的情绪，坦然面对失败，并把挫折自然地看成挑战。所有这些经验都会成为他人生中的宝库，赋予他解决问题、寻找答案、承受失败的能力。

许多家长意识到要对儿子进行挫折教育，但他们往往只是让孩子吃点儿苦，接受一下失败，把挫折摆在了孩子的面前，却忘记引导孩子如何正确面对挫折，没能让孩子树立起战胜挫折的勇气，找到战胜挫折的办法。事实上，只有引导孩子分析受挫的原因，从中吸取教训，并想办法克服困难，才能让孩子在克服困难的过程中体验到成功的喜悦，增强克服困难的信心。如果孩子自己无法克服困难，家长应给予适当的安慰，并提供一定的帮助，以免孩子过分紧张，影响身心健康。

家长在孩子受挫之后的不同举动，可以让孩子在经历挫折之后越挫越勇，从而成为生活的强者；也可以让孩子从此变得害怕失败，不能接受失败，从而失去挫折教育的意义。挫折教育应该是抗挫折能力的教育，正确引导孩子去面对挫折、越过挫折、与挫折言欢是挫折教育的关键所在。

给父母“穷”养男孩的忠告

著名的心理学家马斯洛说：“挫折对于孩子来说未必是件坏事，关键在于他对待挫折的态度。”男孩更需要也愿意在尝试中不时地与挫折挑战，与挫折打交道形成的经验，会让他们以后有足够的能力面对问题、接近问题、解决问题。通过尽自己的能力独立解决身边发生的问题，男孩会产生一种荣誉感、满足感，形成坚持和执着的意志品质，体验每一次成功的独特感受。

鼓励男孩战胜挫折

挫折是人生路上必经的坎坷，当男孩面对挫折时，家长应教育孩子不要害怕挫折，鼓励孩子战胜挫折。让孩子相信自己的能力，可以给予适当的指导和帮助，但绝不能包办。当男孩战胜挫折时，应及时给予赞赏，让孩子体会到成功的喜悦。孩子失败了也不要埋怨，更不要奚落，而应帮助他从失败走向胜利，帮助他跨越挫折。

爱因斯坦小的时候，4岁还不会说话，大家都怀疑他是低能儿。但是，担任电机工程师的父亲对他没有失去信心，他想方设法地发展爱因斯坦的智力。他给儿子买来积木，教他搭房子，儿子每搭1层，父亲就表扬和鼓励一次，就这样，爱因斯坦一直搭到14层。

上学后，爱因斯坦仍然表现平庸，由于他举止缓慢，不爱同人交往，老师和同学都不喜欢他，老师甚至对父亲说他将一事无成。面对大家的讽刺和讥笑，爱因斯坦十分灰心丧气，甚至不想去学校，不愿见到老师和同学。父亲却鼓励他：“我觉得你并不笨，别人会做的，你虽然做得一般，却并不比他们差多少，但你会做的事情，他们却一点儿都不会做。你表现得没有他们好，是因为你的思维和他们不一样，我相信你一定会在某一方面比任何人做得都好。”父亲的鼓励让爱因斯坦振作起来。

母亲对于爱因斯坦，除去百般疼爱和呵护，更多的也是鼓励。有一次母亲带他和亲友一起郊游，别的孩子都在游泳或爬山，只有爱因斯坦一人默默地坐在河边，静静地注视着水面。亲友忐忑不安地问母亲：“他是不是神经有毛病，一定要趁早带他去医院做检查。”母亲却十分自信地说：“我的小爱因斯坦没有任何毛病，你们不了解，他不是发呆，而是在沉思。他将来一定是位了不起的大学教授。”

父母的鼓励和爱促使爱因斯坦的智力迅速发展，后来他成为世界上最伟大的物理学家，在物理学领域作出了重大的贡献。

从爱因斯坦的故事中可以发现一个亘古不变的真理：家长对孩子热切的期望、适当的鼓励和无私的帮助，将是孩子成功的重要保证。

有些家长因为孩子考试成绩不好，就对他产生失望的心理，甚至把这种情绪传染给孩子，使孩子对自己也丧失信心。其实，这样做只会让孩子更消极地看待自己，久而久之，还会变得思维僵化，反应迟钝。对男孩的教育，不能直接进行批评和奚落，应该采用期望、信任和鼓励的态度。“数子一过不如奖子一长”，要经常鼓励孩子进行积极的设想，告诉孩子：“失败离成功不远了，只要继续

努力一定成功。”家长的鼓励会让孩子变得越来越自信，无论遇到什么样的逆境挫折都不会担心害怕。

但是，很多家长不了解孩子与生俱来的自尊自强意识。他们过分宠爱孩子，孩子所有的事情他们都完全代劳，什么也不让孩子做。其实，孩子虽然小，也是有独立人格的，家长不让孩子做事情是对孩子的不信任，也是对孩子自尊心的一种伤害。孩子面对的是一个竞争激烈的社会，不管是在幼儿园，还是在公园里玩耍，孩子与人相处时都很容易遇到各种挫折。孩子遭遇挫折时，刚开始有可能手忙脚乱，束手无策，但并不代表孩子甘心失败。家长绝对不要说：“笨死了！这么简单的问题都应付不了。”而应该引导孩子仔细分析受挫的原因，并鼓励孩子战胜挫折，从挫折中走出来。在解决各种问题的过程中，让孩子的承受能力逐渐增强。当以后面对学校、家庭、社会上各种各样的困难与挫折时，他就能从容面对，以积极的心态来迎接生活的挑战。

当儿子因为受挫而恐惧、难过时，父母不应以怜悯的态度对待孩子，也不能在孩子面前唉声叹气，更不能责骂孩子。正确的方法是让孩子明白，受挫没有什么大不了的，这次不行，下次再来，只要坚持，总会取得成功。孩子从小到大，不可避免地会碰到很多挫折。如果孩子在受挫后不能及时得到正确的引导，就会失去自信，变得软弱和退缩。相反，如果得到适当的引导，孩子就会坦然面对挫折，渐渐培养出应对挫折的承受力和意志力。

很多家长认为孩子小，还经不起挫折，所以一味放纵和满足孩子，从不让孩子受苦受累，结果孩子因此变得经不起风雨，甚至会产生一系列心理问题。只有让孩子明白，生活有顺境也有逆境，通往成功的道路并不是一帆风顺，才能让孩子逐步形成看待挫折的正确态度，学会战胜挫折的本领。

当孩子遇到挫折和失败时，父母应该及时鼓起孩子战胜失败的勇气。比如，对孩子说："没关系，再试一次，爸爸妈妈相信你一定会成功的。"当孩子做一件具有挑战性的事情，遭遇了一次又一次的失败时，父母可以告诉孩子："不要怕，这没有什么可怕的，大胆地去做，你一定能战胜它！"

给父母"穷"养男孩的忠告

对男孩的挫折教育不是一朝一夕的事情，也不是单凭几件事就可以见效的，父母要在生活中有意识地培养他们的抗挫折能力，鼓励他们勇敢地面对挫折，战胜挫折，将来他们才能在人生浩瀚的大海中力挽狂澜，勇往直前。

增强男孩受挫后的恢复能力

对男孩进行挫折教育是有必要的，父母还需要注意挫折教育中的重要一环，那就是增强男孩受挫后的恢复能力。父母创造条件让男孩经受挫折是挫折教育的一种方法，但屡次受挫也会让他们失去自信，所以父母还要引导孩子学会正确地面对挫折，培养孩子受挫后恢复能力和自信心。这样，孩子在将来的生活中，独自面对挫折时，才能泰然处之，永远乐观。

被誉为“全球第一CEO”“最受尊敬的CEO”“美国当代最成功、最伟大的企业家”的通用电气原CEO杰克·韦尔奇在全球享有盛名。回忆起成长中的往事，他这样说：

虽然我从来没有缺乏过自信心，但1953年秋天，我在马萨诸塞大学的第一个星期，却过得不是很好。我非常想家，以至于母亲只得驾车3个小时，从家到学校来看我。她想给我打打气，使我能重新振作起来。

“看看周围的这些孩子，他们从来没有想过回家。你和他们一样优秀，而且还要出色。”她说得对，不过我的确没有真正离开过家，我甚至都没有参加过一次过夜的野营活动。我本来以为自己是一条硬汉，老于世故而且独立性强，可我完全被离家上学的孤单感击垮了。和其他一些同学比起来，我似乎还远没有准备好上大学。我们这里有从新英格兰大学预科班来的，也有从久负盛名的波士顿拉丁学校来的，他们在许多方面都比我强。

母亲对这一切只字不提，而她那些激励的话确实奏效了，不到一星期，我便信心十足不再忧虑了。

我挣扎着度过了大学的第一年，在考试中我的成绩还不错……

母亲坚定的话语和信任，让韦尔奇“在黑暗中看到了光明”，受到了极大的鼓舞，帮助他从被挫折击垮的状态中重新爬了起来。母亲的话让韦尔奇看到了希望，增添了他继续前进的动力。

西方教育和心理专家公认：对待挫折的良好心态是从童年和青少年时不断受挫和解决困难的经历中学来的。人生没有过不去的坎儿，跌倒了再爬起来，重新鼓起勇气，勇敢地去迎接挑战，就能赢得属于自己的辉煌。

对于成长中的男孩来说，困难和挫折是一所最好的大学。没有尝过饥与渴的滋味，就永远体会不到食物和水的甜美，不懂得生活到底是什么滋味；没有经历过困难和挫折，就品味不到成功的喜悦；没有经历过苦难，就永远感受不到什么叫幸福。尽管每位家长都不想让儿子去经历苦难，希望他们的人生路上充满笑脸和鲜花，但生活是无情的，每个人的人生路上都会有各种各样的苦难，畏惧苦难的人将永远不会有幸福。

李刚从小学到初中，成绩一直非常优秀，每年都被评为“三好学生”，还是优秀学生干部。因此，他一直生活在赞美和成功的光环之中。父母一直希望他能考上重点高中，他自己也认为这是十拿九稳的事。但或许是压力太大，或许是偶尔的失误，李刚没有考上重点高中，他只能到就近的一所普通高中就读。周围亲友见了摇头，父母长吁短叹，李刚更觉得羞愧难当。习惯于被赞美和表扬的他，仿佛到了世界末日，一气之下，跳楼而亡。

一位心理学家说过：“一个周边高矮不等的木桶，它的盛水量不取决于最长的那块板，而取决于最短的那一块。”李刚的智力和学习能力就像木桶最长的那块板，而他的抗挫折能力却是最短的那块板。面对中考和生活的考验，他没有输在智力上，而是输在了抗挫折能力上。

对于涉世未深的男孩而言，困难和挫折是在所难免的，如何引导男孩，从挫折后的失落情绪中走出来，进行心理调整和心理恢复，是家长必修的一课。

当男孩面对挫折时，家长要及时对孩子进行心理诱导，从尊重、关心孩子的角度出发，同情、理解孩子，用孩子的思想谨慎地接触他们的心灵。另外，针对不同的挫折情况，可以适当教授孩子一些抗挫折的方法，让孩子从挫折中站起来，自尊自信，自我解脱，去创造未来。

引导男孩合理释放。发现孩子受挫后，家长要采用适当的形

式，让孩子宣泄受挫的苦闷心情，不要让孩子把苦闷压在心里。家长也可以用交谈或书信方式提醒孩子，向亲人、老师、同学或朋友倾吐内心的压抑之情，取得他们的理解和帮助，可以缓解心理压力。家长也可以鼓励孩子通过写日记的方式，把心中的不快宣泄出来，从而理清思路，稳定情绪，保持心理的健康。

教男孩学习使用目标转移法。孩子受挫后情绪往往不稳定，常常被挫折所困扰，或是急躁易怒，或是闷闷不乐。家长可以引导孩子转移注意目标，消解他们的紧张心理。比如，陪孩子外出散步游玩、一起听听音乐、谈论他们爱好的足球明星等。这可以分散孩子的注意力，稳定他们的情绪，抵消他们心中的烦恼，减轻他们的挫败感。

另外，挫折教育也不是越多越好。很多家长为了培养男孩坚强的心理品格，有意识地对孩子进行挫折教育。比如，人为制造挫折，让孩子参加“吃苦夏令营”，给予孩子必要的纪律和适当的批评，对犯大错的孩子给予物质上或精神上的惩罚，故意让孩子挨饿、受苦、受累等。家长希望男孩在挫折中一洗养尊处优的习气，磨砺出坚强的意志，增强韧性、耐挫力和受挫后的恢复能力，不仅学会从别人或外界的给予中得到幸福，还能从内心深处激发出自己寻找幸福的本能。尽管这类做法可以帮助男孩客观地认识社会，培养他们吃苦耐劳的精神，但是因为时间短，且孩子已经在心理和生理上都做好准备，往往只是让他们感动一时，并不能从根本上解决问题。

其实，生活中的很多挫折都出现在不经意中，比如，学习环境的变迁、家庭的变故、好友的背叛、学业上的失意等。只有在男孩没有充分准备的状态下进行的耐挫力培养，才算让他们成功地经历了挫折教育。明智的家长会在日常生活中对男孩进行潜移默化的挫折教育，引导孩子在“黑暗”中看到“光明”，在困难面前不退缩，鼓励孩子正确对待困难、克服困难、战胜困难。孩子只有乐观地正视挫折，在受挫中获取知识、增长见识、体会快乐，并抓住机遇走出困境，才能在挫折中再次崛起。这样，将来无论他们面对什么困难和挫折时，都能从挫折中解脱，重新振奋。

给父母“穷”养男孩的忠告

男孩遭遇失败挫折，情绪低落时，父母切忌以怜悯的态度对待孩子。心痛地抱着孩子长吁短叹，或是从此把孩子呵护得更紧，都是不可取的方法。正确的做法是让孩子明白人人都会经历失败挫折，要学会从失败挫折中吸取经验教训，从受挫的痛苦中解脱出来，找出战胜失败和挫折的方法。

第五章

改造任性的“小皇帝”——增强男孩的自我控制能力

努力化解男孩的任性

美国儿童心理学家威廉·科克指出，随着孩子生理上的不断发育，他们开始逐渐接触更多的事物。不管这些事物对自己是否有益或适宜，孩子都会凭借自身的兴趣和情绪参与其中，表现出一定程度的任性。因此，孩子任性是一种心理需求的表现。

由于其体内睾丸素的作用，男孩对于某种需求或愿望，比女孩需要更快、更及时地得到满足。因此，男孩常常表现得任性、自以为是，放纵自己，不服从或抗拒父母的管教，或是表面听从，内心却不服。男孩任性大部分都是父母过分宽容和娇纵的结果。

很多家长都把自己的独生子看得很珍贵。只要儿子提出要求，无论是物质还是精神上的，无论是否合理，一律满足孩子，还认为这是全身心地爱孩子。在这种环境下成长的男孩，有着任性的通病，固执、抗拒、不服从大人管教、不按照大人的要求去做，或是表面答应内心反抗，等等。所以，只要大人不在身边，孩子就任由自己的性子，放肆而为。越来越多的家长抱怨现在的男孩不好管，不好教育。殊不知，儿子的任性正是自己惯出来的，对于儿子的行为，该制止的不制止，一味迁就，以致孩子养成了任性的毛病。

法国教育家卢梭就曾在书中说：“你知道用什么办法准能使你的孩子得到痛苦吗？这个方法就是百依百顺。”因为有种种满足欲望的便利条件，所以孩子的欲望将无止境地增加。结果，当父母因为无能为力而表示拒绝时，孩子由于没有受到过任何拒绝，突然碰了这个钉子，就会比得不到所希望的东西还感到痛苦。

13岁的少年犯孙伟是独生子，父母没有什么文化，但家庭生活比较富裕。在他小时候，父母对他百依百顺，孙伟要什么给什么，说什么是什么。

父亲天天喝酒，儿子常常同桌吃菜，有时也试着尝两口酒，父亲从不加干涉，并且夸儿子“好小子，真行”。就这样，8岁的孙伟已是喝酒、花钱的老手，父亲有时还会让儿子去他的口袋里拿钱，多少任由儿子决定。于是，小小年纪，孙伟就学会了进饭馆，逛商店。对于孩子的行为，父母不但不阻止，竟然说：“家里有钱，不让他花让谁花呢？”

由于孙伟出手大方，社会上一些行为不良的青年就围着他转。他又学会了抽烟、赌博，从此学习成绩一落千丈。开始时，因为老师的督促，父母还批评他几句，后来见管不住儿子，索性不管，任由他胡作非为。父母的放任让孙伟放心大胆地逃学，最后发展到偷盗、抢劫，终于被关进了监狱。

上例中，父母百般溺爱和呵护儿子，什么事情都顺着他，让他自由自在，无法建立基本的抑制反射，只是任由自己的想法随意而为，最终因为满足不了毫无节制的欲望，才 13 岁就把自己送进了监狱。

任性的男孩常常表现为放任自己的性子，毫无约束，不管正确与否，只要想做的事情，就非做不可。但周围的事物并不是为了满足一个人的需要而存在的，周围的人也不可能完全听从一个人的支配和调遣，所以任性的男孩也不可能随心所欲。任性的男孩更容易碰钉子，受打击，遭挫折。在他们眼里，好像事事都不顺心，人人都有意跟自己过不去，让自己感到非常痛苦。由此可见，“任性而为”不可取。

面对任性而为的男孩，如果家长该制止不制止，一味迁就，只会给孩子带来更多的痛苦。真正爱孩子的话，就应讲求科学的教育方法，对男孩从小严格要求，不让他们养成任性的毛病，免得因满足孩子的一时任性，反而害得孩子痛苦终生。

最近几年频频出现大学生杀人、自杀、伤熊等事件。很多普通人认为很平常的事情，却会引发正在接受高等教育的大学生犯罪，为什么呢？中国心理卫生协会王建中教授说：“大学生中独生子女是绝大多数，在父母的呵护下，生活一直都比较顺，自我定位不准，对挫折没有准备，一旦遇到比较大的事件，容易产生过激行为。”

因此，家长要找出男孩任性的原因，对症下药，让孩子远离任性的毛病，让任性失效。一般来说，孩子任性有三种原因。

一是模仿别人的结果。在生活中有人任性，男孩不止一次亲眼所见任性得到了不错的结果，于是就模仿，学着任性。比如，许多人一起庆祝节日或外出旅游时，其中一个孩子在大人面前有任性的行为，结果家长迁就并满足了他的某种要求。这对其他孩子起到了反面教材的作用。这些孩子遇到适合的机会，就会模仿他的样子。

另外，父母任何一方有明显的任性行为，也会直接影响儿子。

二是家长迁就的结果。有些男孩的任性是家长惯出来的。孩子常常会提出不合理的要求，家长认为儿子还小，不懂事，所以迁就孩子，连续几次，孩子就形成了心理和行为定式。比如，孩子偏食，除去自己喜欢的食物，其他一概不吃，家长怎么说也没用。这种任性的表现，就是家长过去迁就儿子的后果。

三是家长对男孩过度严厉，或是不知道尊重孩子。有的家长对男孩的要求过于苛刻，孩子常常难以达到，于是产生逆反心理和抵抗行为，久而久之，孩子就变得任性。也有的家长不尊重孩子，动不动就训斥孩子，甚至在外人面前也随意责备孩子，为了保全自己的面子，男孩会表现出对抗父母的任性行为。

男孩太任性对他的未来没有一点儿好处。在家里，想怎样就怎样，不听家长的话，家里人可能会容忍；在学校太任性，就会成为不受欢迎的人，身心无法健康发展；以后到社会，更有可能处处碰壁，无法在社会上立足。所以，家长要仔细分析孩子任性的起因，对症下药，让男孩改掉任性的毛病。

根据一些行为科学家的研究，有如下一些方法可以帮助父母改掉男孩任性的行为。

1. 转移孩子的注意力。男孩的好奇心一般都很强，注意力很容易被吸引到其他事物上去，父母可以抓住时机转移孩子的注意力，以此来避免孩子的任性。比如，孩子在任性哭闹时，妈妈突然拿出一件新奇的东西自言自语：“哎呀！这东西真奇怪。”或者故作惊讶地说：“瞧！街上那大汽车装的是什么？”转移男孩的注意力，他就会忘记刚才的事。

2. 给孩子创造集体生活的机会。任性的男孩往往以自我为中心，集体活动是破除孩子以自我为中心的最好途径。因为集体活动通常有规范进行约束，遵从集体规范是参与集体活动的前提。男孩天性不喜欢孤独，所以，让他们参加集体活动，的确是富于远见的对策。

3. 培养孩子守规矩的行为习惯。父母可以让男孩从小养成守规矩的行为习惯，处处按合理的要求去做，这样孩子就能自觉地和大人保持一致。一旦男孩养成了这种习惯，就不会随意提出特殊要求，这样也能从根本上解决孩子的任性。

4. 培养自我管理的意识。男孩任性的最根本原因之一是其缺乏自我控制、自我管理的能力。因此，父母平时要多注意培养男孩自我管理的意识。例如，可以让他把穿脏的衣服放进衣柜里，把玩完的玩具放到抽屉里，等等。久而久之，他会学会约束控制自己，形成良好的自我管理的习惯。

爱子之情，人皆有之，爱儿子是普天下父母的共同做法。对男孩无原则地放纵，只会让孩子走上“以我为中心”的任性而为之路。所以，对于任性的男孩，父母一定要充分予以重视。父母真正爱儿子就要做到爱得深、教得严。

给父母“穷”养男孩的忠告

任性，是男孩的天性，也是男孩普遍存在的问题。纠正男孩任性的毛病，需要家长认认真真地下一番功夫，而且首先要矫正自己。如果只是一味地批评孩子，没有具体的、有针对性的教育措施，将难以见效。

培养男孩的自制力

自制力指的是一个人能控制及调节自己的行为，坚持不懈地实现目标的能力，是一个人重要的基础情商能力之一。自制力强的人有两个显著特点：一是不做不该做的事，二是坚持去做该做的事。

对于男孩来说，相比智商，自制力更为重要。男孩在学习、生活以及将来参加工作、组建家庭、人际交往中能否取得成功，关键在于是否有较强的自制力。而对于男孩自制力的培养应该从他们还小的时候抓起，因为男孩在童年时形成的自制力对其一生都有影响。

一个人成功的最大障碍常常不是来自外界，而是来自他的内心。一个真正成功的人通常有顽强的精神和胜于常人的自制力。培养男孩的自制力，可以帮助他们抵御外界的种种诱惑，保持心灵上的坚定与纯洁，更有利于他们的健康发展。可见，自制力的培养对男孩的一生有多重要！

20世纪60年代，美国心理学家沃尔特•米歇尔做过一项实验：让4岁的孩子单独待在小房间里，并给每个孩子发一颗糖果，告诉孩子可以马上吃掉，如果等研究人员回来再吃可以奖励另一颗糖果。结果，有些孩子立即就把糖果吃掉了，而有些孩子则抵制住了诱惑，坚持到研究人员回来才吃。14年后，这位心理学家追踪研究发现，立即吃掉糖果的孩子在青少年时期显得缺乏自信、与同伴相处不好；而等到最后才吃糖果的孩子则有主见、学业出众、人际关系良好。

这项实验说明，能够抵制住诱惑、有很强自制力的孩子长大后更容易获得成功。他们为了追求更大、更远的目标，能经得起眼前的诱惑，能坚持耐心等待，这些正是高自制力的具体表现。相反，研究还发现，自制力弱的孩子长大后坚持学习的动力相对不足，较容易出现行为偏差问题，比如，网络成瘾、中途辍学、未成年怀孕等。

当然，小小的糖果试验并不能预测孩子未来的能力和成就，人的能力和成就要受很多因素的影响。糖果试验只是反映了人在童年时期的行为，会随着成长慢慢演变为他在方方面面的情感和社会能力的一部分。人在一生中，大大小小的成就都取决于抑制冲动、抵制诱惑的能力。

面对信息多变、文化多元、物质极大丰富的现代社会，男孩已是眼花缭乱，他们对周围的一切都充满好奇，任何诱惑都有可能让他们沉迷其中。另外，很多家庭教育不足，欠缺民主科学性，再加上学业负担过重，厌学情绪强烈，使得电视、电脑成了男孩的避难所。如何让男孩增强自制力、抵制诱惑，成了每个家长都关心的问题。

让男孩学会自制，家长先要学会反思。“子不教，父之过”，孩子出了问题，应该从家长身上反思原因。家长大部分时间都用于

工作、家务和娱乐，很少花时间与儿子耐心沟通。孩子基本的精神需求得不到满足，自然会寻求替代品，于是电视、电脑成了男孩的精神麻醉剂。有些家长自己不和儿子交流，也不鼓励儿子交友，不引导儿子参加一些有益的体育活动，虽然给儿子报名参加各种培训班，也完全是功利的。男孩的精神需要仍然得不到满足，充沛的精力得不到发泄，就会被各种诱惑吸引，一不留神掉进各种诱惑的陷阱。所以，培养男孩的自制力，就要从家长自身改造做起。

首先，家长要以身作则，作高自制力示范。家长要求孩子每天不能长时间看电视时，是否自己一直坐在电视机前？您要求孩子不乱发脾气时，是否自己也总是爱发火？如果家长希望孩子有自制力，请反思自己的一举一动是否做到好的示范。

其次，订立双方共同遵守的亲子协议，父母与孩子相互监督，在互相约束的过程中让男孩形成自我管理能力。就双方的学习、生活、劳动，包括看电视、上网等易上瘾的娱乐活动订立协议，对时间、地点、形式等予以规范化。协议生效后，双方都要严格执行，违反规定将受到相应的惩罚。注意，目标不要太高，双方承诺的条件要具有可操作性，本着循序渐进的原则，目标由小到大，实现起来要由易到难，根据实际情况进行决定。这种订立协议的方式，充分体现了孩子与家长的平等地位，男孩的个性得到充分认可，容易激发他们的内在要求和自觉行动，帮助他们提高自我约束意识、自我管理能力，使他们更好地适应竞争日益激烈的社会。

再次，作为家中的独生子，男孩更渴求朋友，家长应该帮助孩子正确地结交朋友。有些家长害怕孩子在交往中受到伤害，就限制儿子的交往与交际，却没注意到孩子的孤独，而孤独正是男孩容易受到外在不良因素诱惑的原因之一。所以，家长应该在理解孩子的基础上，鼓励、引导男孩交朋友，交好的朋友。

最后，家长应该接纳孩子的情绪，但要坚决拒绝其不合理要求。当男孩提出要求时，如果要求不合理或没必要立即满足，家长应该明确、坚定地对孩子说“不”，千万不要因为孩子哭闹撒娇就迁就孩子。当然，此前要先接纳孩子的情绪。怎么做呢？举个例子吧。

比如，男孩临睡前哭着要吃巧克力，不妨按以下三步试一试。

1．家长要表达对孩子情绪和愿望的理解：“儿子，不高兴了，希望现在能吃巧克力？”

2．解释不能吃巧克力的原因：“但是你马上就要睡觉了，睡觉前吃巧克力对牙齿不好！”

3．说明可满足孩子的合理要求：“孩子，好好睡觉，明天早上起来就可以吃巧克力了。”

男孩学会控制自己的冲动，做事情会更有耐心和毅力，才有能力去面对人生路上的各种挑战，未来才能快乐而成功！

给父母“穷”养男孩的忠告

每个人都会面临诱惑，成功者之所以成功，就是因为他们能够克制自己的冲动，抵制住“糖果”的诱惑。男孩迟早要面对社会，其间必然有着许多考验，而自制力可以帮助他们规避风险和诱惑，是成功的必备品质。因此，父母从小培养男孩的自制力就显得非常重要。

浮躁的习惯必须克服

男孩子一般都比较急躁，缺乏耐心，不安分，脾气大，急于求成。在学习和生活中，他们轻浮急躁，行动盲目；心神不定，做事难以专心；没有耐性，缺乏恒心和毅力；急于求成，见异思迁；急功近利，整天幻想“天上掉馅饼”；没有脚踏实地的艰苦奋斗精神，却充满着侥幸成功的奢望……有的男孩看到歌星挣大钱，就想当歌星；看到企业家、老板神气，又想当企业家、老板。但他们就是不愿意为了实现自己的理想而努力学习。还有的男孩兴趣爱好转换极快，做什么事都是三分钟热度，三天打鱼两天晒网，忽冷忽热，这样下去终将一事无成。

浮躁指轻浮，做事无恒心，见异思迁，急功近利，浮而不实，不安分守己，无所事事，脾气大。浮躁心理表现为“想不到”“坐不住”“听不进”“管不牢”“忙不停”“写不完”“长不了”

等。这种浮躁心理如不及时纠正克服，还会影响男孩的生理健康，造成生理功能紊乱、睡眠障碍、神经紊乱；急功近利会导致男孩心理紧张、烦恼、易怒，降低注意力和思维能力；浮而不实使男孩学习无法深入，仅局限于表面，直接影响学习成绩。

浮躁其实是一种病态的心理表现，它表现在孩子面对各种变化和竞争时，不知所为，心里没底，恐慌不安，对前途没有信心。情绪上表现为心态急躁，急功近利，与他人进行攀比时，更显出一种焦虑不安的心情。因为激动不安，情绪代替理智，使得行动具有盲目性，行动之前缺乏思考，只图一时之快，将可能发生的恶果完全置于脑后。

浮躁心理对男孩的生活和学习产生一系列不良影响。造成孩子心理浮躁有内部原因，也有外部原因。

内部原因分为个体的神经类型、人格特征、个人认知三种。心理学研究发现，具有强而不灵活、不平衡的神经类型的人，容易急躁，沉不住气；做事冲动，注意力易分散。有些孩子意志力薄弱，缺乏自控能力，学习怕苦怕累，做事急躁冒进，没有恒心。有的孩子自己认知不当，把学习成绩作为衡量成功的唯一标准，急于求成，又不从踏实学习入手，幻想通过一些捷径，快速成功。

外部原因主要是社会环境、家庭教育和学校教育对孩子的影响。因为我国正处于转型期，社会利益和结构都在进行大调整，社会中充斥着“喧嚣”“浮躁”之气。孩子作为社会的一员，不可避免地受到社会大环境的影响。社会舆论、社会风气和文化氛围都对孩子的世界观、价值观、抱负水平发生着作用，从而影响孩子的心理。

有的家长处于矛盾的心理状态，既赞成和满意改革的成果，又担心和忧虑自己无法适应新体制带来的震动和冲击，因此患得患失，心神不安。也有的家长急于致富或改变生活现状，因此对工作挑三拣四，频频跳槽，恨不得立刻变成"先富起来的那一部分人"。这几种心理都会影响到孩子。

另外，尽管大家都在喊实施素质教育，仍有许多学校一味地关注孩子的考试成绩，对孩子的评价也完全用成绩来衡量，导致许多孩子只注重高分，不注重踏实学习。"非宁静无以致远，非淡泊无以明志。"浮躁心理必然对孩子的生活和学习产生一系列不良影响，因此，家长应配合学校老师，帮助男孩克服浮躁的习惯。

首先，要培养男孩认真的能力。认真是一种能力，而不是一种态度。认真就是聚精会神的能力，是深入一件事情的能力，是彻底搞清一件事情的能力，是每时每刻全力以赴学习的能力，是一次性把事情做到顶峰的能力。如家长教育孩子时，不能相信孩子说"学会了""听懂了"，只有孩子真正做出来、表现出来，才是真正会了、懂了。

其次，帮助孩子制订适合的目标。男孩对于不感兴趣的事情很难专注，所以需要家长帮助他们养成做事持之以恒的好习惯。家长要帮助男孩制订适当的目标并引导他们完成，当他们顺利完成后，及时给予肯定和鼓励，激发他们探索和继续努力的动力。

再次，有意识地培养孩子专注做事的习惯。男孩天性好奇，活泼好动，因此注意力经常不集中，家长可以从训练他们注意力的持久性入手，有意识地培养他们做事专注的习惯。同时，尽量创造良好的环境，避免孩子注意力分散。男孩不管是在学习上还是生活上，常常是三心二意，注意力不集中。因此，家长对男孩进行注意力训练时，应尽可能避免一切外来干扰。比如，孩子在搭积木、玩配对或其他要求专注的游戏时，先关闭电视等可控制的干扰，排除可能分散孩子注意力的因素，为孩子提供一个安静的学习环境。当孩子要求独自玩游戏时，在没有危险的情况下，家长不要进行干预，过多的干预会影响男孩专注力的发展。

最后，家长还要培养孩子的自我约束能力。男孩自我控制能力差是导致其注意力分散的重要原因。大人可以约束自己不去关心外部的干扰刺激，孩子却很难做到。家长可以通过创设情景，逐渐提高孩子的自我约束能力。通过不同的游戏，男孩就会逐渐将外在的游戏规则转化为内在的自我约束。

给父母“穷”养男孩的忠告

快速成长和发展是每个有上进心的男孩的美好愿望，但无论是做事还是做人，都要拒绝浮躁，关注细节，从大处着手，从小事做起，成功的机会才会多一些。

粗心马虎要不得

男孩天性好动，粗心、不精细，思维发散，对许多事情都感兴趣。但粗心马虎是非常不好的习惯。粗心的男孩做事常常丢三落四，而且会把本来能做好的事情做得一塌糊涂，能做正确的题目反而做错。古人云：“失之毫厘，谬以千里。”可见，粗心马虎要不得。

在生活中，经常见到男孩因为一道题目不会做、丢分而生气，感觉自己无能；但如果是因为粗心丢了分，自责、埋怨的情绪就少很多。他可能还会说：“如果不是因为粗心，这回应该考100分。”话语中隐约流露出些许满足和自豪，好像会做但因粗心马虎丢分就可以原谅，而不会做是绝对不可以原谅的。是这样吗？

如果宇航专家粗心马虎，那么一个小数点的错误就会造成上亿元的损失；如果工厂生产配料比例搞错，将会造成产品质量的大问题；如果农业上施农药把浓度搞错，就会使人吃了中毒；如果医生粗心马虎，给病人开错了药，就是人命关天的大问题；如果男孩的粗心马虎是在中考、高考等场合，可能就会因此改写人生……在生活中，每一次的粗心马虎，都会造成或大或小的损失。

相传宋朝时开封有一个画家，他画画很不认真，粗心得很。有一天画虎时，他刚画完虎头，就听人说“请给我画一匹马”，于是他就在虎头下画了个马的身子。那人问：“你画的是马还是虎？”这位画家说：“管他呢，马马虎虎吧。”请他画马的人很生气，说：“这么凑合哪行，我不要了。”于是转身走了。

可是画家并不以为然，还把这张画挂到自己家的墙上。他的大儿子问：“您画的是什么？”他漫不经心地说：“是虎。”二儿子问他：“您画的是什么？”他随口道：“是马。”儿子们从没见过真虎、真马，于是信以为真，并牢牢地记在脑子里。

有一天，大儿子到城外打猎，遇见一匹好马，误以为是老虎，上去一箭就把它射死了，画家只好给马的主人赔偿损失。他的二儿子在野外碰上了老虎，却以为是马，迎过去要骑它，结果被老虎咬死了。画家后悔极了，痛恨自己办事不认真，生气地把那幅虎头马身的画给烧了。为了让后人吸取教训，他沉痛地写了一首打油诗：“马虎图，马虎图，似马又似虎。大儿仿图射死马，二儿仿图喂了虎。草堂焚毁马虎图，奉劝诸君莫学吾。”

这个故事看起来有些荒唐，但却蕴含着深刻的道理。说明马虎有可能造成不必要的损失，千万马虎不得。有一个建筑师从小养成了粗心马虎的坏习惯，当他在计算工地用料时，在砖的数量后面多写了一个“0”，结果造成工地的砖多运了9倍，盖完楼还要往回运，仅这一项就损失了上万元，可见马虎的危害有多大。

万丈高楼平地起，基础是最重要的。小事做不好的人，大事肯定也做不好。在小事上马虎的人，肯定会在大事上吃大亏。因此，家长应该找出男孩马虎的原因，帮助他们克服马虎的毛病。一般来说，造成粗心马虎的原因有以下几个。

1. 态度不认真，对任何事情都缺乏责任心。学习敷衍了事，理解知识时囫囵吞枣，写作业时敷衍塞责，马马虎虎凑合着做完就算完成任务。

2. 急脾气。做什么事都心急，急急忙忙、慌慌张张难免出错。

3. 熟练程度上的问题。对所做的功课不熟练，知识掌握不扎实，顾此失彼。对习题特别生的不易马虎，因为生就更加小心仔细；对习题非常熟练也不易马虎，比如很少有人写错自己的名字，就是太熟了马虎不了；只有半生不熟最容易出现马虎的现象，看着题目好像一点儿都不难，实际上还没有掌握好，因思想麻痹大意，结果出了错。

4. 马虎成习惯。做什么事都毛手毛脚，马马虎虎。

5. 对于考试的焦虑。有的男孩对于考试心理负担过重，过分紧张，结果一考试就错，就是由于心情焦虑造成的。

针对孩子的不同情况，家长可以采取不同的措施。如果是孩子态度的问题，就要让孩子充分认识马虎的危害，改变不认真的态度；如果是脾气急躁的问题，就要帮助孩子改变急躁的性格；如果是对知识不熟练，就应让孩子多加练习，熟练地掌握知识；如果是习惯不好，应帮助孩子纠正不良习惯，培养严肃认真的好习惯；如果是对考试焦虑，家长应减轻其心理负担，不要让男孩把分数看得太重，心理负担轻了就不会那么紧张了。

在学习上，孩子马虎的毛病是慢慢养成的，要一下子改掉也是不容易的，但也有办法可以补救。

首先，让男孩认识到马虎的危害。有的孩子认为虽然题做错了，但不是他不会，只是马虎了，不把马虎当回事。有些家长对儿子的马虎也不重视，认为只要孩子聪明，马虎一点儿没关系。这都是要不得的。家长和孩子都要认识到马虎的危害。

其次，学会自检。自检的方法有正向检查、反向检查和重做法。正向检查是从审题开始，一步一步地检查，看题目是否看准了，有无错误理解，已知条件是否都用上了，运用的概念、公式是否准确，格式是否标准，等等。反向检查是从答案往回推，用相反的计算方法验算。重做法是把题迅速重做一遍，看两次结果是否相同。如果不同，找出错误在哪儿并更正。根据不同的题目采取不同的检查方法，经常进行自检，就能熟练掌握检查方法并应用自如。

再次，整理错题集。对于马虎造成的错误如不认真分析，很难吸取教训。很多男孩改错题时，只是把错题从头到尾再做一遍，蒙对了完事，根本不想错在哪里，为什么错，这样改错的实效不大。正确的做法是把所有的作业、练习、考试中的错题，收集建立“错误档案”，在出错的地方用红色标注，找出错误原因并写出来，以提醒自己不要再犯类似错误。

另外，草稿纸不要太草。很多男孩对草稿纸不认真，写得乱七八糟，往往一不留神计算出了问题；或草稿过乱，往作业、考卷上抄时抄错了。所以，管理好草稿纸同样是很重要的。草稿不要求十分整齐，但也不能太草，要按顺序写，以能认得出为准。

还要认真审题，注意“埋伏”。审题要把题读懂，要站在老师的角度看题，再看看题里有什么“埋伏”。粗心的人拿到题，不看也不想，常常是三下五除二就做完，结果可想而知。学会认真审题，是克服粗心的好方法。

最后，要学会“解剖习题”。看到题目不要急着作答，先把题

“解剖”一下，找到题目中的条件和问题，然后再运用所学知识去解答。不要在还没真正理解题意时，就按自己的想象去答题，结果所答非所问。

粗心马虎就是做事情不认真，草率行事，以至于产生错误的结果。克服马虎的办法就是集中注意力，不要三心二意，从基本做起，不忽视任何一件小事，眼到、口到、心到、手到、思想到，这样就可以尽量避免马虎。

给父母“穷”养男孩的忠告

粗心的根源并不是“粗心”，而是男孩在某一方面有弱势。因此，家长要让孩子对粗心的危害引起重视，彻底改掉粗心的毛病。

懒散是男孩成长的障碍

做每一件事不见得一定都会成功，但如果不去做则一定不可能成功。要想成功，就一定要把懒散的习惯扔得远远的。懒散是一种习惯，习惯是在一点一滴的生活中养成的，要克服懒散习惯就要从生活的点点滴滴做起。懒散是男孩成长的障碍，家长应该在日常生活中教育孩子不要拖延、懒散，而是立刻着手去做，从而养成勤奋的习惯。

森林里百花盛开，但天气变化无常，刚才天空还很晴朗，转眼就下起雨来。大象、鹿、松鼠和獾都跑回自己的屋子里了。可是猴子没有房子，它急得到处奔跑，被雨淋得无处藏身。猴子心里想：等雨停了之后，我一定要盖一所房子。

雨过天晴后，猴子搬来一根木头，折了几片芭蕉叶，还设计了房子的图样，于是便到处宣传它要盖房子了，还请许多客人到它的新房里去做客。

第二天，天气很好，猴子想：明天再盖房也不迟。于是，它接着睡大觉，一直睡到客人都到齐了。大象叫醒猴子问：“房子在哪儿？”它说等到明天就盖。

第三天，它去桃树林吃桃子。就这样，它总是等明天，等明天……但是天气不等人，倾盆大雨又把它淋得无处藏身。

猴子因为懒散、拖拉，不停地说“等明天”，以为自己有的是时间，所以把盖房子的事无限延期，最终什么事也没做成。暴雨再来时，它仍然被淋得无处藏身。

如果男孩从小养成懒散的习惯，将来很可能就是一个浪费生命的人，遇事总是犹豫拖延，千方百计地回避自己要做的事情，越是紧急越不肯正视，不停地为自己拖延寻找借口。懒散可能会让男孩一事无成，视拖延为不关痛痒的耽搁，任何事情都是能拖一时就拖一时，能拖一天就拖一天，生活的目的好像就是拖延。拖延造成事情越来越多，甚至杂乱无章，而杂乱无章又助长了拖延心理。如此循环下去，可能几天、几个月过去了，仍然是什么事都没干。

家长首先要了解男孩为什么会懒散、没干劲儿，找出孩子懒散的原因，才能帮助孩子改正懒散的习惯。其实，男孩懒散很大程度上是父母造成的，当孩子想要做一件事时，父母总是以“你还小，做不了”为由阻止孩子；当孩子努力尝试独自完成一件事时，父母嫌孩子做得不够好或是动作太慢，干脆代替孩子把事情做完。不管出于什么原因，父母的做法都使孩子做事的积极性受到打击，剥夺了孩子体验成功的机会，甚至使孩子觉得自己没用，丧失对自己的信心，以后再做任何事都不敢去尝试。父母对男孩干涉过多还会让他们逐渐产生依赖性，认为自己做不好或做不完父母也会帮忙完成，久而久之形成懒散的性格。

为了调动男孩的积极性，培养出有干劲儿的孩子，家长可以采取以下几种方法。

1. 让男孩有追求、渴望感。对待孩子，父母不要过分给予，让孩子有所追求和渴望，父母要做的是鼓励和支持。

2. 让男孩具有持久力和忍耐力。父母耐心地让孩子自己去做事，当他遇到困难想要放弃时，再给予适当的帮助和鼓励，但不能完全替代孩子。能力是在不断学习和锻炼中得来的，遇到困难家长就代替解决，或是孩子遇到困难也不管不问，孩子将很难得到良好的发展。

3. 激发男孩的活力。大自然是孩子的良师益友，所以要经常让孩子接触大自然，让孩子在大自然中学习知识，开阔视野，培养美感，增加健康和活力。在社会氛围中，父母也要注意让孩子充满活力，培养孩子的兴趣爱好，与孩子进行亲密的交流，让孩子获得情绪上的愉悦体验。每个孩子的兴趣和特长各不相同，父母应根据自己孩子的特点提出适当的要求和希望，如果要求孩子做他不喜欢、做不到的事，孩子就会有抵触情绪，自然会丧失活力。

4. 与男孩一起分享他的快乐。只要孩子认真做了，父母就要及时给予肯定和鼓励，并与孩子一起分享他成功的喜悦。孩子为自己感到骄傲，对自己有了信心，自然乐于再次去做，即使遇到问题也会想方设法主动解决，不会半途而废。

给父母"穷"养男孩的忠告

懒散是一种不良习惯，是男孩成长中的障碍，但"冰冻三尺非一日之寒"，孩子的懒散行为不可能在一朝一夕间改变，鼓励孩子持之以恒，才能帮助他彻底改正懒散的习惯。

切莫成为粗俗之人

修养是一种素质，来自家庭、社会的影响和个人对自身道德的提升。一个人在由小到大的成长过程中，无时无刻不在进行自身内在修养的形成。所以，父母应该注意，不仅要让男孩学习科学文化，也要让他们提高自己的素质修养，不要成长为粗俗之人。

一个有教养的人不会与粗俗的人为伍。我们生活中经常可见各类粗俗的表现。比如，地铁或汽车上，年轻人遇见“老弱病残孕”不让座，假装看不见，别人提醒却假装听不见，甚至装睡；随地乱扔垃圾；在公共场所大声喧哗；随意损坏公共设施；在公共场所吸烟；随意浪费；等等。

孔子曾说“循循善诱”，即指耐心地教育和诱导，不是动辄训斥打骂，也不是放任不管。家长通过诱导让孩子自己悟得道理，学会做事，而不是替他们做，或是让他们照猫画虎。孔子的话同样适应今天的教育，告诉男孩哪些是粗俗的表现，引导他们去分析粗俗的坏处，才能避免他们在以后的生活中有类似的行为。粗俗的表现还有哪些呢？

嫉妒别人，吹毛求疵，对小事耿耿于怀，好冲动是粗俗之人的一些表现。这类人总爱疑神疑鬼，看到别人聚在一起谈论，就以为是在谈论有关自己的事情；为了展现自己“个性”，搞出一些可笑的场面。有教养的人却正好相反，他不会计较一些鸡毛蒜皮的小事；更不会随便猜疑，认为自己受到了轻视或嘲笑；即便事实果真如此，他也会毫不在意，宁愿保持沉默，也不与人争吵。粗俗之人喜欢打听市井流言，四处传播，醉心于家庭小事；有教养的人则不会蝇营狗苟，为家庭琐事纠缠不清。

语言粗俗也是粗俗之人的一个表现。有教养的人对自己的语言非常在意，他们的语言通常是谦虚有礼；粗俗之人却巧言善辩，而且喜欢套用谚语和陈词滥调，有时还会经常使用一些口头禅，并且不分场合地胡乱使用。粗俗之人有时还爱使用一些晦涩难懂的词句，以显示自己的学问高深和与众不同。

俗话说：近朱者赤，近墨者黑。粗俗的语言、不雅的行为往往意味着一个人低下的素质和低劣的朋友圈子，而常与有修养的人接触，则会让自己的言行举止变得有修养。

一个人内在的修养和知识往往从他得体的衣着、优雅的风度上表现出来。在与人交往过程中，如果行动粗鲁庸俗，言语强硬鲁莽，则会给对方造成不快，甚至可能惹怒对方，其后果可想而知。因此，父母应该让男孩远离粗俗的行为和举止，不要成为一个毫无教养的、品位低下的粗俗之人。

给父母“穷”养男孩的忠告

生理特征决定男孩比女孩更加粗犷、阳刚，但是粗犷不等于粗俗，具有英雄气概的男子汉也要具有良好的修养和举止。

别让男孩沉迷于网络游戏

随着网络游戏产业的蓬勃发展，青少年沉迷网络游戏的现象越来越严重。一些孩子整日沉迷于网络游戏，不但损害身心健康，也不同程度地影响了他们的正常学习及生活。对于男孩子来说，网络游戏的吸引力尤其大。《中国青少年网瘾数据报告（2007）》显示：我国网瘾青少年占网民总数的9%～72%，其中玩网络游戏的比例是40%～77%，各地占比不一；男性比女性更易于沉迷网络。

男孩为什么沉迷于网络游戏？网络游戏对孩子有什么危害？这些问题都是每位家长非常关心的。

第一，中国孩子仍处于应试教育状态，普遍学习压力较大，需要网络游戏放松紧张的心理。有些孩子虽然具备一定的自我控制能力，但因学习压力大而产生强烈的厌学情绪，一旦遭遇现实生活中的困难挫折，特别是在学习生活中遇到无法解决的困难，他们就会选择逃避。网络游戏恰恰能满足他们的成就感，让他们摆脱弱者的处境，给他们带来作为强者的愉悦感。

第二，现在网络游戏设计都是根据青少年好奇、冒险的心理特点设计的，可以说是投其所好。场面惊险刺激，游戏一关接着一关，吸引孩子不断地玩下去，要想“通关”，就得连续“奋战”。虽然不像对烟、酒、毒品等依赖那么强，但在虚拟世界的信息刺激下，孩子普遍会体验到在现实生活中没有的快感。随着兴趣不断增强，慢慢地欲罢不能，久而成瘾。

在网络游戏的虚拟世界里，往往不需要面对现实生活中的挫折，也不需要接受社会规范和其他人的监督，孩子沉迷于虚拟世界里，随心所欲地宣泄情感。因此，长期沉迷网络游戏的男孩会对周围的人和事冷漠麻木，有的还会荒废学业，甚至发生犯罪现象，给正常的成长带来各种各样的危害。

1. 网络游戏模糊了孩子的道德认知，淡化了虚拟世界与现实生活的差异。青少年喜欢的游戏类型为：角色扮演类、射击类、冒险类、赛车类、智力类。他们经常玩的游戏有《大富翁》《传奇》《反恐精英》《生化危机》等。网络游戏大多以“攻击、战斗、竞争”为主要内容，男孩长期玩飙车、砍杀、爆破、枪战等游戏，从游戏中了解到的都是尔虞我诈、弱肉强食和暴力情色，这些都容易使他们模糊了道德认知，错误地认为这种通过伤害他人达成目的的方式是合理的。近几年，因为玩游戏而引发的违法犯罪等问题正逐渐增多。

2. 长期沉迷于网络游戏对孩子身体健康的危害也相当大。研究发现：长期沉迷于网络游戏，不仅会遏制孩子左前脑的正常发育，而且特别影响孩子的早中期智力开发。日本科学家对玩网络游戏与只做简单算术题的学生脑部活动水平的检测分析发现，计算机游戏只刺激了与视觉和运动有关的那部分脑的活动，而算术则刺激了负责学习、记忆和情感的大脑额叶左半球和右半球的活动。

3. 长期沉迷网络游戏的人容易造成植物神经紊乱，诱发呼吸道、肠胃等疾病。对于心脏不好、神经系统不稳定的人，刺激性网络游戏甚至可能导致死亡。沉迷于网络的孩子长期处于兴奋中，睡眠减少，眼睛得不到休息，会出现酸、胀、痛等现象。长期下去还容易引起结膜炎甚至青光眼，过多地接触电脑，也容易使人过早形成白内障。

深圳市罗湖区某中学初二学生离家出走，在网吧里连续作战三昼夜，被母亲找回后锁到房间。他竟然在夜里4点钟从窗户爬出，沿着下水管从4楼爬到地面，溜回网吧。

江西南昌一名高三学生，连续逃课上网两个月，在玩网络游戏时，因紧张激动在网吧倒地猝死。

浙江某中学一名初二的男生沉迷于网络，父母无奈把鼠标收起来，他上网时因找不到鼠标，砸烂了大衣橱的镜子，还用碎玻璃把家里的地板划得七零八碎。

江苏昆山的16岁学生为了对父母禁止他去网吧表示反抗，竟然用菜刀砍下自己的左手小指。

……

青少年沉迷网络引发的灾难数不胜数，让人扼腕叹息。如今，网络游戏已经成为虚度光阴、有害身心，像毒品一样容易成瘾的活动，让人玩物丧志，因此有人把电脑游戏称为“电子海洛因”。对于孩子来说，在紧张的学习生活中，适当玩玩游戏也无可厚非，但家长一定要注意，绝对不能让孩子沉迷于其中不能自拔，更不能让游戏中的不良文化侵蚀孩子的灵魂。

给父母“穷”养男孩的忠告

如果孩子已经沉迷于网络游戏，家长再进行封杀无异于因噎废食，只会让地下游戏厅火爆登场，而不能从根本上净化孩子的成长环境。正确的做法是合理引导，促使孩子以健康良好的心态游戏，做到沉醉不沉迷，放松不放纵。

第六章

“穷”则无畏——勇敢的男孩才具有魅力

胆怯的男孩是失去光芒的太阳

每位家长都希望把男孩塑造成一个顶天立地的男子汉，勇敢、坚强、自信、诚实、可信赖、愿意帮助他人。这不仅是父母的要求，也是社会的要求，更是男孩的天赋所在，他们天性有追求目标的倾向，并满足于此。但生活中，有些男孩却表现出自卑、胆怯的行为。比如，与同学交往时面红耳赤，说话词不达意；碰到老师也不敢打招呼，情愿绕道而行；课堂上老师提问，就算知道也不敢回答或答不完整；在公共场合不敢发言；平时成绩不错，一到考试就因胆怯发挥不出正常水平……

胆怯是不自信的表现，是一种心理现象。胆怯的男孩容易受到外界的忽视或歧视，常常感到自卑，不敢抬头大声说话，更不敢表达自己的想法，甚至走向自我封闭，影响正常的学习和生活。造成男孩胆怯的原因主要是不当的家庭教育，父母在孩子性格形成期采取了不当的教育方式。

有的家长为了让淘气的男孩听话，经常恐吓孩子。孩子哭闹时说“你再闹就把你关在黑屋子里”“再不听话大灰狼把你吃掉”“警察一会儿来抓你”“让医生给你打针”之类的话吓唬孩子。慢慢地，男孩开始变得胆小，害怕黑暗、动物、警察、医生、生人等。

有的家长对男孩要求过于苛刻，孩子稍有差错，就严厉训斥批评。孩子没有半点儿自由，一举一动都必须经过父母的许可。久而久之，孩子就变得胆小怕事，唯唯诺诺。

有的家长过分娇惯孩子，剥夺了孩子锻炼、实践的机会，弱化了孩子的能力。这样一来，虽然提高了男孩在家中的地位，却让他们变得胆小了。

有的家长只关心孩子的学习，几乎不让儿子与人交际。家里来了客人，孩子刚刚走过来，父母就训斥道：“小孩子别多事，做功课去。”孩子想和伙伴们一起外出活动，父母也横加干涉，说：“有什么好玩的，在家做作业。”男孩在成长过程中，由于父母限制而无法与人交往，在交际场合就会显得畏畏缩缩。

有的家长社会地位不高，经济收入也不足，平时说话有意无意流露出自卑情绪，无形中让孩子也觉得自己低人一等，产生一种弱者的心态。自卑是懦弱的孪生兄弟，过于自卑的男孩必然懦弱胆怯。

有的男孩说话不流利，口齿不清楚，如果讲话时被嘲笑，下次他就会胆小紧张。另外，孩子考试成绩不好时，父母的冷嘲热讽也会让他们害怕考试，害怕竞争，以至于丧失勇气，变得胆怯。

有的家长见到一条小虫就大呼小叫，男孩受父母影响，也会怕小虫，逐渐变得胆小。

男孩将来要面对的是一个复杂的社会环境，是一个不断与人交往的环境。如果从小就胆怯、怕生，做什么事都不能独立完成，缺乏社会交往能力，难以想象，将来他如何在竞争激烈的社会中找到立足之地。因此，家长应注意引导胆怯的男孩，帮他走出胆小退缩的禁区。

美国最受人尊敬的总统富兰克林•罗斯福 8 岁时看上去还是胆小脆弱，脸上总是露出惊惧的表情。他的呼吸就像喘气一样，每次被老师喊起来背诵，都会双腿发抖，嘴唇颤动不已。更糟糕的是，他长着难看的龅牙。

这样的孩子一般都有很强的自尊心，也很敏感，回避社交活动，甚至不敢结交朋友。但他有点儿与众不同，他强迫自己跟嘲笑他的人接触，强迫自己参加打猎、骑马等活动，进行一些激烈的运动，使自己成为吃苦耐劳的典范。他努力地改变着自己，他把喘气的习惯变为一种坚定的嘶声；他咬紧自己的牙床使嘴唇不再颤动以克服内心的惧怕；他利用假期在亚利桑那追赶牛群，在落基山猎熊，在非洲打狮子，使自己变得强壮有力。

他凭着这种奋斗精神，没有因缺陷而气馁，直至攀上成功的巅峰。后来，已经很少有人知道他曾有严重的缺陷。

富兰克林的经历说明胆怯可以通过努力来改变。只要克服了胆小懦弱，也会成为一个勇敢的人。父母应该有信心帮助孩子克服胆怯的毛病，站在孩子的立场上，用孩子的方式来对待他们，用孩子的标准来判断、衡量他们，用“穷”养的方法来培养他们的勇气。

首先，父母应克服过分溺爱孩子，包办代替孩子一切事情的习惯。孩子遇到困难时，引导孩子自己去克服、战胜困难。比如，孩子害怕打雷，可以告诉孩子打雷不可怕，这是一种自然现象，引导孩子科学地看待、分析问题。

其次，仔细分析孩子胆怯的各种表现，找到孩子胆怯的根源，对症下药。

再次，通过互换角色，让孩子体验成人的辛苦，帮助孩子克服种种顾虑。

另外，带孩子进行社交活动时，提前做好准备工作。比如，事先告诉孩子怎样称呼来客；教会孩子一些待人接物的技巧；等等。帮助孩子找一些兴趣、爱好、年龄相同的朋友，鼓励他们谈论交流。有了一定的交往基础，更大范围的交往也不会让孩子胆怯了。

同时，给孩子提供或创造有较多游戏伙伴的机会。比如，尽量带孩子去一些同龄人较多的地方，利用节假日带孩子去游乐场、公园，引导孩子与其他小朋友认识，一起游戏；邀请邻居、同班较熟悉的小朋友到家里玩儿；等等。

最后，父母不应对孩子要求过高，约束过多。要给孩子一个宽松的环境，让孩子自然成长，只在必要时给予适当的引导。

总之，改变男孩胆怯的毛病，对于父母来说是个任重道远的事情，一定要注意善待他们弱小的心灵，帮助他们尽快摆脱胆怯的阴影，做一个阳光的男孩。

给父母“穷”养男孩的忠告

英国著名哲学家约翰·穆勒曾经说过：“除了恐惧本身之外，没有什么好害怕的。”对于缺乏勇气的男孩，父母要帮助孩子克服恐惧和胆怯心理。帮助男孩战胜胆怯，父母不能急于求成，而应循序渐进，引导孩子从最容易的事做起，坚持不懈，逐渐找回勇敢和自信。

给孩子非故意犯错的权利

男孩由于天性淘气顽皮，在他成长的过程中，非故意犯错是不可避免的事，例如不小心摔坏东西、损坏东西等。犯错误是男孩成长中必经的体验。男孩正是在犯错误、改正错误的过程中逐渐长大的。

对自己不小心犯的错误，男孩也非常后悔和难过，甚至感到恐惧。如果在男孩犯错误时，父母批评和指责孩子，不仅于事无补，而且会造成男孩对父母感情的疏远，以后再发生这种事情，他们可能会故意隐瞒父母，从而使孩子养成说谎的习惯。因此，对于成长中的男孩，应该给予他们犯错误的权利，只有不怕犯错，男孩才能勇敢地去尝试。当男孩犯错误时，父母不要着急、气恼，更不要斥责或体罚他，而应该给予包容和安慰，对孩子进行正面教育，引起孩子情感上的重视。

有位叫大卫•柯珀菲尔的医学科学家，当有人问他为什么比一般人更有创造力时，他回答，这与他2岁时发生的一件小事有关。

有一次，大卫•柯珀菲尔试图从冰箱里拿出一瓶牛奶，但由于瓶子很滑，他一不小心，把瓶子摔到地上，牛奶溅得满地都是。

听到孩子摔碎了瓶子，母亲来到厨房，并没有责怪孩子，她说：“哇，你制造的混乱可真棒！我还没见过这么大的奶水坑。牛奶反正已不能喝了，在我清理以前，你要不要在牛奶中玩儿几分钟？”

大卫•柯珀菲尔的确照着母亲的话做了。几分钟后，他的母亲说：“你知道，每次当你制造这样的混乱时，最好还得把它清理干净，你想这样做吗？我可以用一块海绵、一条毛巾或一只拖把，你喜欢哪一种？”他选了海绵。于是，他们一起清理打翻了的牛奶。

之后，母亲又说：“如何用两只小手拿大牛奶瓶？你已经做了一个失败的实验。来，让我把瓶子装满水，看看怎样才能拿得动它。”小大卫很快就学会了，他用双手抓住瓶颈，这样就可以拿住它不掉。

多么生动的一堂课！在母亲的教育下，小大卫在那一刻懂得了过失是学习新东西的机会，因此不需要害怕过失的道理。

当男孩不小心犯错误的时候，恰好是父母教育他的最好机会。因为，内疚和不安使孩子急于得到父母的帮助，在这个时候，给他们讲道理会让他们刻骨铭心。此时，父母应保持冷静，既不要简单粗暴地训斥，也不要毫不在意，而应当讲清道理，指出弥补过失的方法，让孩子“吃一堑，长一智”，从过失中学到有价值的东西。

对男孩进行正面教育，是一种让他们比较容易接受的方式。大部分家长也想包容孩子的过失，但有时控制不住自己，不知道该怎么做。那么，你不妨从以下几方面入手。

1. 要体谅孩子所犯的错误。在生活中，有时父母也会犯错误，更何况是不谙世事的孩子。因此，当孩子犯错时，父母不要责怪孩子，要把它看作是正常现象。父母要平心静气地给孩子讲道理，帮助孩子分析产生过失的原因，并指出改正的办法。如果父母能包容孩子所犯的错误，那么孩子也能学会包容他人。如果父母动不动就责骂甚至打孩子，不但起不到教育孩子的目的，反而会使孩子产生逆反心理，不利于问题的解决。

2. 要区别对待孩子的过失。孩子的过失分为偶然性过失和主观性过失。偶然性过失，一般是孩子无心或无意间所犯的过失。上面的例子中提到的大卫打碎瓶子的过失，就属于偶然性过失。对待孩子的这类过失，父母要原谅孩子，并帮着孩子分析产生过失的原因，引导其改正过失。而主观性过失，主要是指孩子想引起别人的注意而故意犯错，或孩子不知道这种行为是过失而犯错。对待这类过失，父母一定要严肃认真，给孩子讲清楚过失所在以及危害，并要督促孩子改正。

3. 给孩子解释的机会。有时候，男孩犯错并不是出于本意，而是由于好奇，或者想帮助父母做事，只是由于自己的经验和能力不够才犯错的。比如，孩子想帮父母倒牛奶，却不小心把杯子打碎了。如果父母不听孩子解释而责怪孩子，其结果是打击了孩子的积极性，以后孩子再也不会做这些事情了。无论孩子做错了什么，父母都应该给孩子一个解释的机会，甚至允许孩子犯错误。孩子做错事情必定有原因，那么面对孩子的“错误”，有时父母真的应该蹲下身子平心静气地听听孩子的理由。父母的一言一语，父母对孩子每件事情的处理，都会对孩子的性格造成影响。而性格在孩子的一生中的重要性更是毋庸置疑的。

4. 教孩子学会自我教育。有时候孩子无意间犯了错，还没等父母批评教育，自己已经开始后悔、反思并自责了。因此，当孩子犯错时，父母可以引导孩子自己寻找原因并加以改正，这样孩子对自己所犯的错会有更深刻的认识，改正过失的自觉性也会更高，以后就会少犯或不犯同类错误。

发展心理学认为，孩子小的时候，像一盘录像带，需要预演与体验所有的情绪（快乐、痛苦、悲伤、骄傲、自满等）与行为，留下适当的印痕，在今后成长的道路上，这些印痕都是可利用的资源。孩子可以通过“心理反刍”，找到较为合适的应对方法。孩子小时候犯一些错误，通过错误来认知与外界或他人的关系，也可以获得对错误的部分免疫。

法国作家罗曼·罗兰说：“人生应当做点儿错事。做错事，就是长见识。”任何尝试都有可能犯错，不允许男孩犯错，就是不允许孩子成长。所以，父母要用全面、发展的眼光去看待男孩，有了这种观念，就不会因孩子的一时失误或表现不佳而大发雷霆。

给父母“穷”养男孩的忠告

男孩非故意犯错是很正常的。面对孩子的错误，如果父母不注意教育方式，不分青红皂白地批评、责骂、惩罚，不但不能让孩子改正错误，相反会使孩子形成胆怯、退缩或是叛逆、攻击等不良心理。所以，包容男孩的过失，以平静的心态对待孩子的过失，才是最好的教育方法。

放手让男孩向前冲

男孩一般比较自信，也比较勇敢，做什么事情往往会冲在前面。当然，冲在前面就会有危险，父母不能因此就制止干涉，而应该让他多受一些磨炼。可是，中国家长常常喜欢把孩子抱在怀里，习惯于“抱”养的方式。孩子不会走路的时候，抱在怀里睡觉；会走路了，还要抱着出去玩儿；生活能自理了，父母却包办代替……如此“抱”养出来的男孩自私、娇惯、怕吃苦、怕负责任、受不起挫折、不懂得感恩、经不起风雨。其实，男孩比女孩更容易学会独立，更能忍受痛苦，父母应该采取“穷”养的方式，适当放手，让男孩自己向前冲。

一个男孩把一只鹰蛋带回到父亲的养鸡场，并和鸡蛋混在一起让母鸡孵化。母鸡成功地孵化出一只小鹰。小鹰和小鸡们一起生活着，极为平静安适，小鹰从没意识到自己不同于小鸡。

后来，小鹰长大了，它发现小鸡们总是用异样的眼神看自己。它想：我肯定不是一只平常的小鸡，我一定有什么不同于其他小鸡的地方。但是，它一直无法证明自己的想法。直到有一天，它看到一只老鹰从养鸡场上飞过，看着老鹰自由地舒展翅膀，它顿时感觉自己的两翼涌动着一股力量，心里也激烈地震荡起来。仰望着在高空自由翱翔的老鹰，小鹰无比羡慕。它自言自语道：“要是我也能像它一样该多好，这样我就可以远离这个偏僻狭小的地方，飞上天空，栖息在高高的山顶之上，俯瞰大地和人间。”

可是，怎么能够像老鹰一样飞翔呢？它从来没有张开过翅膀，没有任何飞行的经验。如果从半空中坠下岂不是要粉身碎骨吗？犹豫、徘徊、冲动，经过激烈的内心斗争，小鹰还是决定冒着粉身碎骨的风险，去尝试展翅高飞。

它终于起飞了，飞到了空中。它带着极度的兴奋，用力往高空飞翔……

小鹰成功了，它发现世界原来这么广阔，这么美妙！

小鹰的成功展示了每一个成功者从幼稚走向成熟的历程。每位家长都希望自己的孩子能像鹰一样，飞出傲然的人生姿态。然而温室里的花儿永远不可能最鲜艳，室内的盆景永远不可能像参天大树一样与日月争辉。只有让孩子经受挫折的磨炼和风雨的洗礼，才能让他们像鹰一样张开翅膀，坚强地翱翔于苍穹。

父母要放手让男孩向前冲，解开束缚孩子的重重枷锁，解放他们探索未知的心灵和思想，给他们一片自由的天空，让他们得以发展、发挥和创造，让他们去体验、去探索、去总结、去获得，同时和他们一起体味收获的快乐。

有一个男孩4岁了，可走路还是踉踉跄跄的。他不敢走楼梯，只会手脚并用地爬楼梯。究其原因，是家里抱他的人太多了，他根本没有下地走路的机会。大人满足了抱孩子的享受，孩子却失去了学习的权利。孩子虽然小，但也是一个独立的个体，同样需要自由，需要自己的空间，需要实践自己的方式和思维，去迎接生活。

所以，为了孩子的成长，父母不要抱得太久，管得太多，而要放开手，让孩子自己向前冲，在学习中成长。

在放手中，让孩子养成爱劳动的好习惯，从而体会父母的辛苦和不易，拥有一颗感恩的心。陶行知说：“滴自己的汗，吃自己的饭，自己的事自己干；靠天、靠地、靠父母，不算是好汉。”人要从小自立，学会打理自己的生活。小孩子对一切都感兴趣，对大人做的事也想试一试，家长可以鼓励孩子自己穿衣、叠被、自己吃饭，帮大人做一些力所能及的家务活儿。无论孩子做得好坏，都不要阻止他们的行动，而应教孩子一些技巧和方法，让孩子体味劳动的乐趣，并适时地进行表扬和鼓励，让孩子感到自己在家中的重要地位和作用，提高孩子的自信心。

在放手中，让孩子体味成功的喜悦，提升自信心，探索未知的世界。虽然孩子学习之路荆棘丛生，坎坷不平，但每次超越困难后孩子都会获得欣喜和快乐。孩子做得好，家长应及时予以表扬，加以肯定，但要注意实事求是，不要太夸张，以免孩子自我膨胀，骄傲自大。孩子做得不好时，家长也要鼓励孩子面对现实，而不是一味逃避。

在放手中，解放孩子的思维，让孩子独自去探索，去想象，去表达。父母的放手是有意识的，有明确的目标和方向；而孩子是无意识的，他只知道玩得开心就好。因此，父母应注意把目标方向融合、贯穿于孩子的生活、游戏中去。仔细去分析哪里放手有不错的效果，如何放手才是恰如其分，做到“放手不放眼，放眼不放心”。

放手教育既不是让孩子放任自流，不闻不问，也不是拔苗助长。放手教育需要父母在放手的同时，抓好孩子的日常生活教育，约束好孩子的一言一行，让孩子在社会这个大课堂中，学会与人相处所必需的宽容、理解和忍让，提高学习的自觉性和自律意识，从而形成健康完善的人格。

给父母“穷”养男孩的忠告

达尔文说：“幸运喜欢照顾勇敢的人。”父母不要事事控制，处处阻拦，而应该多鼓励男孩去探索，从小培养他们勇于冒险和竞争的个性。

激发男孩内心的勇气

心理学家斯科特•派克说：“在这个世界上，只要你真实地付出，就会发现许多门都是虚掩的！微小的勇气，能够完成无限的成就……如果你幸运，与生俱来就有勇气这种品性，那么很值得恭贺；如果你还没有养成这种性格，那么尽快培养吧，人的生命很需要它！”勇气是一个人成功的必备素质，是男孩奋发进取的动力，是男孩成长的活水之源。要培养勇敢的男子汉，就要激发男孩内心的勇气。

现在，独生子的性格基本呈弱化走势。男孩只要离开家和父母就变得胆小，在学校害怕，在野外害怕，与人相处害怕，有烦恼害怕……只有激发男孩内心的勇气，让他们不再害怕，选择勇敢，将来才能成为一个有作为、有出息的人。

爸爸妈妈带着儿子在公园里玩儿，在爬一个小山坡时，儿子显得很胆小。他一步一停，不断地回头看爸爸，期望爸爸能抱他上去。爸爸似乎有意锻炼他一下，并不看他。妈妈却非常担心，她怕儿子摔下去，怕儿子磨破细嫩的小手。她一会儿看看儿子，一会儿担心地嘱咐几句，一会儿又喊前面的爸爸慢一些。妈妈的紧张情绪终于感染了儿子，他停下来，再也不肯向上爬。最后，还是爸爸抱着儿子爬上了山坡。

没有妈妈的焦虑不安，儿子完全可以独自爬上山坡，这是儿子独自认识自己能力的机会，但它被妈妈善意地破坏了。

18 岁的约翰•汤姆森是美国一名高中生，住在北达科他州的一个农场。1992 年 1 月 11 日，他独自在父亲的农场里操作机器时，不慎在冰上滑倒了。他的衣袖绞在机器里，两只手臂被机器切断。汤姆森忍着剧痛跑了 400 米来到一座房子里。他用牙齿咬开门闩，爬到了电话机旁边，但是无法拨电话号码。于是，他用嘴咬住一支铅笔，一下一下地拨动，终于拨通了他表兄的电话，他表兄马上通知了附近有关部门。

当救护人员赶到时，汤姆森被抬上担架。临行前，他冷静地告诉医生：“不要忘了把我的手臂带上。”原来，为了不让血白白流走，他把断臂伸在了浴盆里。明尼阿波利斯的一所医院为汤姆森进行了断肢再植手术。他住了一个半月的医院，便回到北达科他州的家里。当他能微微抬起手臂时，就已经回到学校上课了。他的全家和朋友都为他感到自豪。

汤姆森自救的行为说不上有多伟大，但这种勇敢坚定的品格却是所有男孩学习的榜样。很多时候，孩子并不像父母想象的那样弱小。只要父母激发男孩内心的勇气，给予他们足够的空间和表现的机会，每个男孩都会让父母感叹：原来儿子已经长成男子汉了！

丘吉尔说：“勇气是人类最重要的一种特质，倘若有了勇气，人类其他的特质自然也就具备了。”国际夏令营的辅导员发现，美国的孩子比较勇敢，善于交际，有自己的思想，不需要大人陪伴，也没出什么险情。后来经过调查发现，美国的家长重视对孩子认识自然和社会环境的教育，注意培养孩子自立自主的精神，注重培养孩子的交往能力和在各种环境中的自我保护能力。美国家长的这种教育方法实际就是把孩子置于没有大人保护照顾的“穷”的状态，从而激发出孩子独立自主的意识，其中几点很值得中国家长借鉴。

1. 鼓励男孩参加一些有挑战性的运动。这不但可以起到锻炼身体的作用，还可以让孩子学会如何迎接挑战。过度保护自己的身体而带来的胆怯，比一些不严重的外伤更具有伤害性。

2. 世上很少有唾手可得的成功，要引导男孩学会应对挫折。父母要以身作则，给孩子树立不屈不挠、勇敢顽强的榜样。从让孩子获得成功的体验开始，避免让孩子做他无能为力的事情，鼓励孩子遇到困难时，自己想办法解决。

3. 男孩将来面临的是一个处处充满竞争的社会，所以父母不要心疼孩子吃苦。物竞天择、适者生存、优胜劣汰是一切生物存在的规律，孩子没有吃苦的精神和能力，将来就难以接受各种挑战，难以在激烈的竞争中获得胜利。

4. 培养男孩的意志力，因为面对障碍和艰难的每一个决定，都是依靠内心的力量作出的。意志力就存在于自信心、自尊心、责任心、决心和好胜心以及接受挫折、坚持到底、乘胜追击的愉快体验里。

5. 让男孩自由自在地玩儿。玩儿是孩子的天性，如果父母剥夺了孩子玩儿的权利，孩子的人格将会受到伤害。很多家长常常认为让孩子玩儿会影响他的学习，认为玩物必然丧志。其实不然，孩子在玩儿中大胆想象，勇于探索，更容易激发创造力和学习能力。

6. 对男孩进行自我保护训练。比如，随时随地教授孩子交通规则；让孩子记住必需的家庭地址和一些必需的电话号码；等等。

现实生活中，中国家长常常亲自出马，帮助孩子解决难题，却忽略了男孩更需要从小建立战胜困难的勇气，并在这一过程中获得自信。许多成功者不论面对怎样的惨淡和黑暗，他们都会勇敢地坚持自己的信念，直至最终实现愿望，就是因为他们都拥有战胜困难的勇气。

给父母“穷”养男孩的忠告

父母担心男孩的安全，为了防止万一，常常因此牺牲孩子锻炼的机会，这样做虽然保护了自己的感情不受伤害，却造成了孩子缺乏勇气的弱点。因此，要激发孩子的勇气，父母就要大胆放手，让孩子自己去做力所能及的事情，做一个勇敢的人。

强化男孩的生存技能

家长有责任培养男孩生存和自我保护的本领，让他们有勇气去面对生活中可能出现的危险与困难。但是，现在许多家长，只知千方百计地给孩子创造安逸舒适的生活条件，不知培养孩子的生存能力，一点儿困难和磨难也舍不得让孩子受，致使有的孩子升入中学、大学后，离开了父母仍难以独自面对校园生活。这些男孩别说担当男子汉的责任，就是自己将来的生存恐怕都成问题。

父母把男孩护在怀中，只会限制他们发展的空间，让他们将来独自面对社会生活时束手无策。另外，父母过于紧张、小心的保护意识，也会使男孩对生活产生恐惧感，认为外面的世界充满不可抗拒的威胁，形成谨小慎微的性格。

著名家庭教育专家赵忠心教授在他的调查报告中，曾经讲过一个故事。

清早，在江南某省城宽阔的大街上，停放着一辆威严的警车和一辆豪华轿车。警车上坐的是警察，但轿车里坐的却不是犯人，而是戴着红领巾的少先队员。轿车周围簇拥着黑压压一大群前来送行的人，男女老幼有上百人。车下的人一个劲儿地往车上递大包小包、各式各样的食品，还不停地嘱咐着，“别到处乱跑”“不要喝生水，别吃不干净的东西”“水杯、饭碗使自己的，不要用老乡的”“睡觉盖好被子，别着凉”“晚上去厕所带好手电筒”……

警车拉响警笛，闪着警灯开动了，直到消失在大街的尽头。送行的人们仍旧站在原地，恋恋不舍，眼巴巴地望着车开去的方向，很久都不愿离去，此情此景颇为“悲壮”，犹如生离死别。

其实，这只不过是某单位组织的一次小学生社会实践活动。从省城挑选20名小学生到边远山区学习一周，同时从边远山区挑选20名小学生到省城学习一周，进行短期的“易地留学”。城乡的学生分别住在对方学生的家里，到对方的学校学习。组织者希望通过这次活动，让城里生活条件优越的孩子亲身体验一下农村比较艰苦的生活，促使他们更加珍惜自己优越的生活和学习条件，增强社会责任感，树立为缩小城乡差别、振兴中华而努力学习的理想；让农村的孩子亲身体验一下大城市的生活，促使他们努力学习，树立为改变家乡面貌，立志建设社会主义新农村而发奋学习的观念。

但是，短短一周的学习生活，还是住在对方家里，不仅要大包小包、千叮万嘱，还要警车开道，这种孩子将来怎么可能独立生活。“物竞天择，适者生存”是自然界和人类社会的普遍规律。只有强者才能在激烈的竞争条件、恶劣的生存环境下生存下来，缺乏独立生存和自立能力的弱者只能被淘汰。

在澳大利亚的学校教育中，有一项特殊的课程——野外生存训练。这门课程开始于 20 世纪 70 年代，经过几十年的摸索，结合现代社会发展的需要，目前已被作为中小学生的必修课全面推广。从小学三年级起，孩子就开始接受最初的野外生存训练。野外生存训练的长短和强度，根据学校的教学安排和学生的年龄有所不同。训练科目也有很多种，比如，行军与露营训练、峭壁攀爬与下落、划艇与漂流技巧、丛林识途与越野等。这些训练不仅锻炼了孩子的体力、技能、面对险恶环境时的应变能力，还激发了孩子挑战自然的勇气，练就了他们坚强的品质。

美国电影《小鬼当家》中的凯文，小小年纪就能够独自对付两个江洋大盗，他的机智勇敢让盗贼吃尽了苦头后还被绳之以法。在日常生活中，中国的家长敢把这种年纪的孩子独自放在家中吗？就算孩子独自在家，如果遇到各种各样的突发事件，如火灾、地震、刑事案件、突发疾病等，孩子能够沉着应对吗？

现在的孩子都是独生子，平时忙于学习，很少到外面参加锻炼。很多男孩都是娇生惯养，自己平时的衣食住行也要由家长负责，野外生存教育、探险训练等几乎接触不到。因此，许多家长意识到，要让孩子受点儿苦，学一些平常在学校学不到的本领，体验更多的人生哲学。在假期，这些家长会送孩子去“生存训练主题夏令营”“军训夏令营”“吃苦夏令营”等各种夏令营，学习医疗急救、灾难处理、野外生存等多方面的知识和技能，以培养孩子的生存技能，让他们掌握应对突发事件的能力。

从人生的角度看，如果男孩从小就生活在家长的重重保护中，长大后也难以承受生活的挫折；如果父母调整心态，把孩子当作一个平等的家庭成员，不以孩子为中心，从小培养孩子的独立生存能力，避免孩子产生依赖心理，孩子就会在父母的教育和影响下逐渐增强不怕困难、战胜困难的能力。

在生活中，能够战胜困境，依靠各种手段进行自救，从而在恶劣的环境中生存下来的例子也很多。比如，云南弥勒县 14 岁的姑娘被强盗扔进 20 多米深的山洞，但她凭着坚强的意志力和良好的生存能力，靠吃洞中的青苔和喝岩洞水，在暗无天日的山洞中度过半个月之久，最后终于获救；哈尔滨 10 岁的男孩遭遇绑架，假装昏迷，记住路标，趁“拐子佬”不注意，终于逃脱；英国 6 岁男孩拨通火警电话救了心脏病发作的母亲……

人生的第一要素就是生存，每个人都要为生存付出代价。联合国教科文组织为 21 世纪提出的教育口号是“学会生存”。中国的家长也应该舍弃短视、功利、肤浅的教育方式，把爱孩子的眼光放远一些，在日常生活中注意培养男孩的生存能力，让他们在面对危险时，能够勇敢些，推开迈向自由的生命之门。

给父母“穷”养男孩的忠告

未来的竞争是人才的竞争、能力的竞争，因此要塑造出高素质的男孩，让他们不至于成为明天的落伍者！但是，在充斥着作业与考试的日常学习中，孩子很少有机会关注与社会能力和情绪能力相关的知识，并有意识地发展相应的技巧。家长应对男孩进行一些必要的生存技能的训练，让孩子将来能成为一个坚强的男子汉，以适应日益激烈的社会竞争。

告诉男孩不要害怕竞争

竞争已经成为我们生活中不可或缺的内容，不管喜欢不喜欢，愿意不愿意，每个人每天都要面对各种各样的竞争。物竞天择，适者生存。学会竞争已经成为男孩将来在社会生存的必要条件，一个缺乏竞争能力的人很难在现代社会得到发展。因此，及早引导儿子学会竞争、勇于竞争、善于竞争、正视竞争，是每个家长眼前的重要课题。

当今社会中，竞争是客观存在的，谁也不能改变这个事实。面对现实，不害怕竞争，勇敢应对，才有取得胜利的希望。有些孩子因为害怕失败而不愿意参加竞争性活动，因此无法在竞争中让自己成长。竞争是激发男孩提升自身素质的形式，通过竞争，孩子锻炼了自身综合素质，尤其是心理素质。为了让男孩在未来的社会中占有一席之地，家长必须重视培养孩子的竞争意识。

一对华人夫妇的儿子在美国的一所中学读书，该学校到了高中会开展校际间的足球赛。学生能否参加学校足球队，不是体育老师说了算，也不是教练去挑选，而是看学生自己能不能通过一个“淘汰竞争”的测试。对于每个想参加足球队的学生来说，机会是均等的。谁都可以参加竞争，但能否参加足球队，要看自己在竞争中的表现。

“淘汰竞争”开始时是绕学校跑3000米，接着是三组400米，然后是四组100米往返跑。一路跑下来，学生们已经累得走路都歪歪斜斜的，但竞争远远没有结束。他们又按第一轮的游戏规则进行第二轮淘汰赛。这一轮下来，学生们几乎是筋疲力尽。但还会有第三轮、第四轮。赛场上有的孩子抽筋，有的孩子晕倒，有的孩子呕吐……

这对夫妇看得心惊肉跳，想把儿子从赛场上叫下来，但让儿子做第一个要求主动退下来的人，他们又有些难以决断。最后究竟跑了多少圈，他们也记不得了。

最后，这对夫妇忍不住问儿子：“那些跑在后面的，看来是没有希望了，为什么不干脆退出呢？”

儿子严肃地说：“自己退出去和选不上是两回事，你可以退出足球队，退出网球队，可一直退下去，还能退到哪里？再说没到最后一分钟，谁都有机会。现在跑在前面的，说不定下一轮就落后了。”

这种“淘汰竞争”在中国很少见，它不仅仅是对孩子的体能测试，更关键的是让孩子经历了一场意志的较量。美国人崇尚竞争，迷恋运动，他们鼓励孩子参加篮球队、足球队或其他体育团队。他们认为通过各种体育活动，孩子可以保持身体健康，充满活力；参加团体协作的活动可以培养孩子的合作精神；竞赛性的活动还可以让孩子体味竞争的乐趣，学会承受失败的痛苦，品尝胜利的喜悦，有助于培养孩子积极、乐观、坚强、向上的性格。

在生活中，每个人都处在竞争的环境中，害怕竞争是没有任何意义的。弱肉强食的环境虽然残酷，但只要赢得竞争，就能生存下去。培养男孩的竞争意识应该从小开始，从小事做起，让男孩不要害怕竞争，正视竞争。竞争意识的培养必须通过正面的教育来实现，应加强孩子在日常生活的学习和训练，逐步培养孩子良好的习惯，形成较好的竞争能力。

培养男孩的竞争力要做到以下几点。

1. 要培养和发展孩子的个性。个性与竞争能力是紧密相连的，从孩子的需要和兴趣出发发展孩子的个性，让孩子不但要掌握更多的科学知识，还要掌握几种特殊的才能和本领，形成较完善的人格。个性突出的孩子往往蕴含无穷的竞争力量，能够自立、自主、自律、自信，其竞争意识和竞争能力往往强于他人。

2. 鼓励孩子勇于创新。没有创新就不可能进步，没有进步就失去了竞争取胜的基础。家长要善于激发孩子的求知欲望和求知兴趣，鼓励孩子多动脑、动手、动眼和动口，让孩子学会发现问题，并自行尝试解决问题。不要用现成答案和传统的教育模式去限制孩子，束缚孩子的思维和手脚，而要对孩子表现出的“新思想”“新发明”给予肯定和表扬，并鼓励孩子坚持探索。

3. 家长要转变观念，鼓励孩子参与竞争。中国家长习惯用“听话”“乖”作为评价好孩子的标准，但听话的孩子往往缺乏个性，没有勇气抗争压力。从生存发展来看，应该从小培养孩子独立自主、敢想、敢说、敢干、勇于创新的精神，鼓励孩子勇于迎接挑战、挫折与艰辛，勇敢地走出家庭的保护，融入社会，体验生活和竞争。

4. 鼓励孩子相信自己。让孩子用自己的眼睛看世界，用自己的语言表达内心感受。孩子学会用自己的价值观判断是非，才能决定自己“怎样生活，怎样学习，怎样做人”。当孩子给自己一个正确的定位后，就会有信心和能力去实现所追求的目标。相信自己，本身就是一种自我竞争意识。一个连自己都不敢相信的孩子，已经从根本上失去了和别人竞争的能力。

给父母“穷”养男孩的忠告

很多家长内心充满矛盾，他们既想让儿子轻松地享受童年的快乐，不必因为自己不是最棒的而忧虑，又想让儿子在竞争中通过努力而获得成功。事实上，在充满竞争的社会大环境中，孩子将来必然要为进入好的学校、找到好的工作与其他人竞争，如果淡化孩子争强好胜的意识，只能影响他将来在这个竞争社会中的生存。

敢于拒绝，勇于说“不”

一个不会拒绝别人的人很容易被他人左右，一个没有任何主张的人有时甚至会给自己带来危险。人不是万能的，不可能让所有的人满意。所以，学会拒绝也是一种快乐，不会勉强自己去做根本不想做的事情，给自己的心灵一片自由。让男孩在成长的过程中学会拒绝，不仅是学会自我保护的方法，也是学习如何与人交往的处事技巧。

在生活中，孩子总是要和各种各样的人打交道，如果在与别人相处的过程中，总是担心伤害别人，不敢拒绝别人，其结果就是伤害孩子自己。引导男孩学会拒绝、敢于拒绝、善于拒绝，才会让孩子活得真实明白，活得开心快乐。

有对夫妇在一次车祸中双双罹难，留下了一个男孩。孩子的姑姑收养了他，尽管生活并不富裕，但是为了培养孩子，姑姑倾其所有，给孩子最好的教育。后来，男孩长大了，并且如愿考到北京的一所大学。他找了一份工作，一边打工，一边读书，直到有一天，男孩觉得能报答姑姑了，于是写信让姑姑来北京，要好好地招待姑姑。

姑姑来了，男孩要请姑姑吃饭，他让姑姑选一个喜欢的饭店。于是，他们一起走过一家又一家饭店，但姑姑都摇头表示不喜欢。

最后，两人来到了一家星级饭店，姑姑说：“这家好，就这家吧！”

男孩忐忑不安，心想：“姑姑啊，您不知那是星级饭店吗？我一个学生怎么能承担得起啊！”可是想到姑姑的恩情，男孩无论如何说不出拒绝的话。

席间，男孩的手心渗出了汗水，可是他始终强颜欢笑，照顾着姑姑。后来他借着去卫生间的机会，偷偷看了一下菜单——2000多元。回到座位后，男孩更加坐立不宁，终于，他用最小的声音对姑姑说：“姑姑，我没有那么多的钱来埋单……”

姑姑说：“我今天来，就是想给你上一节课，这节课的题目就叫‘学会拒绝别人’。你没有钱，为什么和我进了这样一家饭店？为什么不直接说‘姑姑，我没有钱，可不可以换一家饭店’？你拒绝我，是不是就避免了没钱结账的尴尬？生活中好多这样的事情，敢于拒绝，会让你生活得更轻松。孩子啊，一定要学会拒绝，学会说‘不’！”

姑姑用最直接的方式给男孩上了生动的一课，如果不会、不敢、不好意思拒绝别人，一味迁就别人，最终只能是自己吃亏。社会太复杂了，那些办事没有原则、一味迁就、顺从别人的人很可能一事无成。

做人难，做事难，拒绝别人更难。孩子在与人交往时，所遇的对象并不都是友善的、讲道理的人，也会遇到一些颠倒是非黑白、自视过高的人，他们不仅提出无理要求，还强迫别人无条件地接受。如果男孩好面子，打肿脸充胖子，最终吃亏的只能是自己。因此，一定要让男孩敢于拒绝，勇于说“不”。

拒绝别人也有一定技巧，要懂得考虑别人的心情，要站在对方的立场上去顾及对方的面子。在敢于拒绝的同时还要善于拒绝，既拒绝别人，又不让对方太尴尬和难堪。一旦确定要拒绝对方，心意就要坚决，但拒绝的方法要灵活变通。

拒绝是与人交往之中的一种逆势状态。拒绝总是令人遗憾却又难以回避，所以拒绝时要以得体的方式进行，把对方的不满和不快尽量控制在较小的限度内。如果该拒绝的不拒绝，轻易承诺了自己不愿意、不应该、不必要或是不能履行的职责，最终只会自食其果。该拒绝时就要拒绝，只是要注意遵循“尽量减少对方不悦和失望，寻求其谅解和认同”的原则。

男孩提升自身社会交往能力，是他们以后生存的重要人生必修课，社会交往能力强则更容易走向成功。父母可以帮助男孩掌握拒绝的技巧，比如，违背原则的事，要拒绝；自己不愿干且无意义的事情，要拒绝；仅仅为了维护友情，对自己有害的事情，要拒绝；一切违背了做人原则的事情都坚决不做，不能因为一味地迎合他人的好恶而完全放弃自己的追求。学会拒绝，可以帮助男孩维护纯洁的社交圈子，帮助他们鉴别真正的朋友，保持友谊的本色。

给父母“穷”养男孩的忠告

父母都希望自己的孩子学会与人分享，养成慷慨大方的美德。然而，男孩也是一个独立的个体，不可能把所有东西都共享出去，尤其是自己心爱的东西。其实，孩子也有拒绝的权利，也会遭到他人的拒绝。父母所要做的，就是教会儿子如何拒绝别人的要求，如何泰然自若地接受他人的拒绝。

历经磨炼的男孩最勇敢

帝王蛾拥有一对长达几十厘米的双翼，但它从幼虫蜕变时，必须拼尽全力，才能从一个狭小的洞口破茧而出，很多幼虫在往外冲刺时力竭而亡。有人为了帮助幼虫，把它的洞口剪大了一些，茧中的幼虫不用费很大力气，就钻了出来。但是，它们却无论如何也飞不起来，只能拖着无力飞翔的双翅在地上笨拙地爬行。原来，那“鬼门关”般的狭小茧洞恰是帮助帝王蛾幼虫两翼成长的关键所在。穿越时刻，通过用力挤压，血液才能顺利送到蛾翼的组织中去。唯有两翼充血，帝王蛾才能振翅飞翔。人为地将茧洞剪大，蛾子没有经历破茧冲刺的阶段，它的翅膀也就失去了充血的机会，帝王蛾便永远与飞翔无缘。

泰戈尔说：“只有经历地狱般的磨炼，才能炼出创造天堂的力量；只有流过血的手指，才能弹出世间的绝唱。”同帝王蛾一样，在人生的路上，没有人能代替孩子成长。许多家长希望为孩子设计一条阳光大道，希望孩子能少受些磨难，顺利成长。然而，结果常常背道而驰，父母的希望最终掩埋在无尽的失望和痛苦茫然中。电视、报纸上连篇累牍地报道“大学生上学父母陪读”“人才招聘会上父母陪伴”的现象。这些现象的发生都是因为父母的善意，好比人为地帮助帝王蛾破茧，助飞的初衷却造成了失去飞翔的后果。

在美国，有一个大学生，每逢学校过礼拜或放假，他都要到父亲的工厂去上班。他用打工的工资来偿还父母给他垫付的学费、伙食开支。在工厂里，他和所有工人一样排队打卡上下班，月底凭车间给他评定的质量分和完成工作的情况结算工资。有一次，因为公车晚点，他迟到了两分钟，当月的奖金就被扣除了一半。

等他终于大学毕业，认为自己可以接管父亲的公司时，父亲不但没有让他接管公司，反而对他更加苛刻。他想不明白，父亲是公司的董事长，家里也不缺钱花，还经常捐款给福利院，为什么就舍不得多给他一分钱，就连生活费也得定期向父亲要。后来，他被父亲逼出了家门，他感觉自己肯定不是父亲的亲生儿子，要不然怎么会如此对待他。于是，他自己去另谋生路。

他想去银行贷款做生意，可是父亲坚决不给他担保。因此，他无法从银行贷到一分钱。他只好去给别人打工，但是，因为复杂的人际关系，他被人挤出了小公司。失业后，他用打工积累的一点儿资金开了一家小店，小店生意不错，他又开了家小公司，小公司慢慢地变成了大公司。令人痛心的是，公司因为经营管理不善倒闭了。

他想过跳楼，但他不甘心就这样离开人世。他认真思索着过去，思索父亲为什么冷酷，思索自己在打工和经商中为什么屡遭惨败，在思索中他总结了失败的教训。他没有灰心丧气，决心咬紧牙关，挺起胸膛，从头再来。

就在他振作精神准备再干一番时，父亲找到他，张开双臂紧紧拥抱他，并决定让他接管自己的公司。对于父亲的决定他十分不解，他问道：“我现在是个一无所有甚至是个失败的人，你为什么还要我接管你的公司呢？”父亲说：“不，孩子，你虽然跟前几年一样，依然没有钱，但你有了一段可贵的经历，这段经历对你来说是一场艰苦的磨炼，然而它却是可贵的。如果我前几年就将公司交给你，你很难把公司经营管理好，也可能迟早会失去公司，最终变得一无所有。可是，现在你拥有了这段经历，你会珍惜它，而且会把公司管好，还会让它不断发展壮大。孩子，无论干什么事情，不经受一番磨炼是干不好的。”

果然，他不负父亲的期望，把规模不大的公司发展成了一家让全球瞩目的大公司。

这个大学生的经历说明，经历苦难、经历磨炼对于一个人的成长有多重要。它让人积累了经验，增强了毅力，也让人更懂得热爱和珍惜自己的事业与生活，更懂得如何做人与处世，更懂得如何做好、做大、做强自己的事业。可见，对于孩子来说，多经历一些苦难和磨炼不仅不是坏事，还是最难能可贵的。

人生旅途不可能一帆风顺，常常会遇到很多意想不到的困难和挫折。艰难险阻是对男孩意志的磨炼和考验，遭遇困难和挫折时，勇敢地面对，从挫折中吸取教训，就会脱颖而出，最终成为一个成功者。

巴尔扎克一生坎坷，经历了缺乏母爱的童年，长大后立志从事清苦的文学创作。他经常住在简单寒酸的房间里，夏天热腾腾，冬天冷飕飕，没有白天黑夜，没有娱乐，不停地写作。在与书商打交道的过程中他不断受骗，以致负债累累，被债主逼得经常像兔子一样四处奔跑。巴尔扎克一生勤奋写作，常常连续工作 18 个小时，在不到 20 年的时间里，创作了 91 部小说。他用一句话概括自己：我一生的劳动都在痛苦和贫困中度过。

塞万提斯是西班牙著名作家，代表作《堂·吉诃德》被称为不朽之作。他的一生多灾多难，他出身没落贵族，家庭贫寒，从小就和父亲奔波谋生。他 22 岁参军，在一次海战中左手致残。后来，他被海盗俘获，卖到阿尔及利亚为奴，历尽艰辛。父母帮他赎身获得自由后，他在海军中充任军需职务，却又蒙冤入狱，出狱后生活无着，一家七口人过着饥寒交迫的生活。在这样的困境下，他写出了《堂·吉诃德》等一批有影响的作品。

像这样历经生活的困难、艰辛和挫折的磨炼，最终取得成功的人还有很多。可见，男孩如果没有经历过磨炼，就品尝不到成功的快乐，感受不到战胜困难的幸福。

给父母“穷”养男孩的忠告

人的成长历程就像帝王蛾破茧而出的过程，必须经过痛苦的磨砺和拼搏。家长要让孩子在生活的磨炼中积累必要的生活经验，这样他们才能生出飞翔的翅膀。

第七章

责任感是男孩肩头的徽章

——让孩子为自己的过失“埋单”

从小培养男孩的责任心

每个人从诞生那天起，就生活在复杂的社会关系中，和他人、集体、社会之间存在着千丝万缕的联系。责任心是孩子健全人格的基础，是孩子能力发展的催化剂，更是孩子成长所必需的一种特殊营养，它能够帮助孩子成长和独立。有责任心的人才能更好地发挥自己的实力，创造辉煌的人生。而一个对自己的行为后果没有责任心的人，是社会化的一种失败，因为他很难形成社会的归属感，很难适应社会生活。

从小培养男孩的责任心，有助于他们心灵的净化，有助于他们学业的不断进步，有助于推动社会的文明进步。从小培养男孩的责任心，才能保证他们将来能够立足于社会。未来的社会是一个竞争激烈的社会，竞争中不仅需要本领，也需要一定的责任心。

但是，培养孩子的责任心不是一朝一夕的事，是一个漫长而反复的过程。父母可以做、应该做的，就是让儿子懂得自己的责任。每位家长都应高度重视，要让孩子从小做起，从小事做起，让孩子在有责任感的氛围下快乐成长，在潜移默化中得到责任心的培养，养成良好的责任意识，从而培养孩子健康的人格。

一个男孩和伙伴躲在一位老妇人的后院里，向她的房顶上扔石头，他们觉得非常开心和有趣。就在他们兴致盎然的时候，突然一块石头滑向窗户，把玻璃砸得粉碎。男孩和伙伴吓得撒腿逃跑了。

从那以后，男孩一直惶恐不安，害怕事件败露。但是，老妇人却好像什么事都没发生一样。每次男孩碰到她，看到她微笑着和自己打招呼，男孩心中就有一种深深的负罪感。在这种负罪感的折磨下，男孩最终决定把平常送报纸赚的钱积攒下来，给她安装玻璃。3个星期后，他攒了6美元，已经足够买玻璃并请人安装了。于是，男孩把钱和一张便条一起放到信封里，投到老妇人的信箱。男孩在便条中解释了事情的来龙去脉，并且一再致歉，希望能弥补自己的过失。

第二天，男孩再看到老妇人时，已经能够坦然面对她亲切温和的微笑了，还由衷地回了一个微笑。老妇人叫住男孩，送给男孩一个盒子，并嘱咐他回家再看。

回到家，男孩急切地拆开了盒子。盒子里有一袋饼干和一个信封，信封里有 6 美元和一个便条，便条上写着：“我为你小小年纪就勇于负责的精神感到骄傲。”

后来，这个孩子在风云变幻的政坛大有作为。因为他在面临社会危机时勇于负责的精神，深深赢得了选民的心，最终成了一位政绩颇丰的官员。

孩子年龄小，缺乏知识和经验，在成长过程中难免造成一些过失或闯下一些祸事。上例中的男孩就因为淘气，不小心打碎了老妇人家的玻璃，很长时间都忐忑不安，不敢面对老妇人。直到用自己送报纸赚的钱，弥补了老妇人的损失，取得了对方的原谅和赞赏，他才释然，并深刻理解了责任的重要性。在后来的工作中，他始终坚持认真负责的态度，最终取得了成功。可见，良好的责任心是让孩子将来立足于社会，获得事业成功和家庭幸福的重要品质。

从男孩懂事起，家长就可以着手培养孩子的责任心。比如，让孩子做自己力所能及的事，让他负责自己的事情；孩子入学后，让他帮助邻居分发报刊、信件；等等。孩子为他人或集体做公益性劳动时，会获得肯定的评价，从而在满足和愉快的内心体验中，逐渐建立起强烈的责任感。一分耕耘，一分收获，从小在孩子心中种下责任的种子，长大才能收获成功的果实。

没有责任心的男孩，即便再聪明，再有知识、有能力，任性、自私、冷漠、意志薄弱的品质，还是会让他最终难以成才。责任心对孩子的全面发展和健康成长，有着不可估量的催化作用，它是孩子安身立命的基础，所以需要父母下大功夫，对男孩从小进行责任心的培养。

首先，要锻炼男孩独立做事的能力，让孩子对自己的事情负责。凡是孩子力所能及的事，如穿鞋、穿衣、刷牙、洗手等都要让孩子自己做，家长不包办代替。对孩子提出要求，并鼓励孩子认真完成。当孩子遇到困难时，家长可以给予必要的指导，但不要包办代替，让孩子有机会把事情独立做完。

其次，督促男孩做事情要有始有终。孩子好奇心强，什么都想试试，随意性很强，做事常常是虎头蛇尾。因此，交给孩子做的事，哪怕是很小的事情，家长也要及时检查、督促，并对结果作出客观评价，以培养孩子持之以恒、认真负责的好习惯。

再次，要让男孩知道，光做好自己的事还不够，还应该学会与人分担忧愁。让孩子适当了解父母的忧虑和难处，提出一些问题，让孩子帮忙作出解答或选择，鼓励孩子发表自己的见解。让孩子感到家庭的美满幸福，父母和孩子的共同参与，才能增强孩子对家庭的责任心。在学校，鼓励孩子帮助老师做一些事，让孩子从小懂得，集体的事每人都有一份责任。

又次，鼓励男孩勇敢地承担责任。当孩子闯祸或犯错误时，鼓励他想办法去解决或补偿，而不是用推诿的态度来对待。当孩子不小心损坏了别人的物品时，让孩子知道是由于自己的过错，才造成了这种后果，应当给予对方赔偿。在学校，除去学习还有哪些任务，让孩子做到心中有数，没有完成的，应引导孩子及时认识到自己的错误。对于孩子独立行为的结果，一定要鼓励孩子敢作敢当，不逃避责任，勇于承担后果。家长尤其不能替孩子承担一切，以免孩子丧失为人处世的责任感。

最后，要让男孩对自己的言行负责，父母也要给孩子做遵守诺言的榜样。日常生活中，父母作出的承诺都要尽可能地兑现，如果不能兑现，一定要向孩子说明。告诉孩子不要轻许诺言，一旦许诺，就必须遵守。

给父母“穷”养男孩的忠告

教育男孩从小对自己的行为负责，家长不能替孩子承担一切。只有家长掌握好“扶”与“放”的尺度，让男孩承担起他应负的责任，男孩才会掌握真正的竞争能力。这样，他就能在父母的牵引下走向独立的人生之路。父母帮助儿子树立责任感的关键，是给他们自由成长的空间，放手让他们自己去生活、学习。

勇于道歉
是敢于承担责任的表现

在生活中，有不少男孩缺乏勇于道歉的意识，更不愿主动承认错误，认为道歉或承认错误会让自己在其他小朋友面前很没面子，或者会觉得父母、老师可能因此而责备自己。甚至还有这样的现象，孩子做错了事，父母承担后果，孩子什么都不用管。

其实，让男孩为自己的疏忽、失误、错误，给别人造成的不快或伤害而道歉，是对别人的一个弥补、一个心理慰藉，也是对别人的尊重，同时也是自己悔过的表现。道歉是人际交往中挽回过错的最直接也是最好的办法。学会道歉，并且真正地改过自新，体现的是人的品性。当男孩学会真心诚意地道歉时，他就从内心深处担负起了自己的责任。父母替孩子承担后果，这种行为更是不可取，这样一来，孩子不仅认识不到自身的不足，而且会成为一个懦弱甚至惯于逃避问题的人。

父母必须让男孩懂得道歉的意义，懂得做错了事需要自己去承担责任，为孩子长大后成为一个能够为自己的人生负责的人打基础。

赵先生的儿子在家里玩皮球，无意间球飞出了窗外，砸坏了楼下一辆电动自行车的车镜，儿子吓得躲起来了。到晚上车主也没来索赔，于是他就想带着孩子去认错，但是怕孩子的自尊心受到伤害，可不去认错，自己心里又觉得愧疚。赵先生左右为难，不知如何是好。

后来经过反复思量，赵先生还是带自己的孩子去道了歉，他要用实际行动告诉孩子“勇于道歉不丢人”。

首先，赵先生带着孩子去认错，并作出赔偿。赵先生认为回避孩子的过错并不是真的为他好。孩子不是父母的附属品，他是独立的个体。父亲需要在儿子犯错时及时指出并给出纠正意见，从小培养他养成诚实做人、勇于为自己的过错负责的习惯。

其次，赵先生将买好的车镜让孩子亲自送去并向车主表示抱歉。他认为：父亲应该从小培养孩子做任何事都要负责到底的生活态度，这是一种深层次的关爱，比溺爱更为有效。过度袒护孩子只会让孩子的问题越来越多，父亲不应该回避孩子的错误，而应该帮助其加以引导和纠正。

最后，赵先生还通过这件事用自己的行为来影响孩子，父母的言传身教很重要。要让孩子勇于道歉并且敢于承担责任，需要家长从日常的一言一行中做起。在孩子眼中所有与他相关的事都是大事，他们不会区分事情的轻重，他们常常根据家长的行为和言行来判断事情的对错，从而规范自己的行为。孩子这次是无意间砸坏了别人的车镜，爸爸不能一带而过，而应当指出孩子的过错，让孩子学会说“对不起”“我知道错了”“这样是不对的”“我将为此事承担责任”。

故事中的赵先生让孩子以道歉的方式来承担责任，从而学会表达歉意，这就培养了孩子敢于承认错误、敢于承担责任的意识。这样培养出来的孩子在之后的生活中更懂得如何处理人际关系，也更能够获得别人的尊重。

男孩需要一个漫长的学习过程，才能真正明白道歉的含义。一旦能够发自肺腑地说出“对不起”时，表明他能照顾别人的感情，也能对自己的行为负责了。让孩子勇于道歉，也是帮助孩子建立是非意识，学会与人相处、弥补错误、承担责任的成长过程。因此，父母在针对男孩缺乏道歉意识这一问题上，要给予充分的重视。父母一方面要起到表率作用，另一方面要培养孩子勇于承认错误，勇于承担责任的意识。

那么，父母应该怎样做才能让男孩学会道歉，敢于为自己的过失承担责任呢？

首先，在孩子做错事后，父母一定要态度温和地告知孩子错在哪里。很多男孩之所以犯错后不敢承认错误，主要是因为很多家长一旦知道孩子“闯祸”了，立即就对孩子来一场“夹枪带棒”的责骂。这会让孩子感到非常恐慌、害怕。为了逃避这种惩罚，之后孩子再做了错事就会撒谎或不承认事情是自己做的。相反，如果父母在孩子犯错时能够态度温和地指出孩子的过错，孩子就能够虚心地接受父母的批评，而不会产生逃避错误的想法。

其次，父母要告诉男孩，没人会因为他犯了错而不喜欢他。错误人人都会犯，更何况是一个孩子呢？不过孩子并不明白这个道理，因为他们年龄小，比较敏感，且自尊心强，所以他们更加在乎别人对自己的评价，更害怕因为自己的过错给别人留下坏印象，从此就没人喜欢他们了。这就要求父母告诉孩子，一方面犯错是难免的，没人会因为他犯了错而不喜欢他；另一方面犯了错误要勇于承认错误，这样的孩子会给人更好的印象。

最后，告诉男孩，要学会向他人道歉来弥补自己的过错。古人云：“过而能改，善莫大焉。”父母要让孩子知道，知错能认错，知错能改错，是一种美德，是能够赢得他人尊重的高尚行为，而不是让人看不起或嘲笑的行为。要让孩子从心里认可道歉和补过的做法，这样孩子才会勇于道歉，才会勇于补过，才会勇于对自己的过错负责，才能逐渐养成有担当的性格。

给父母“穷”养男孩的忠告

每个男孩都会做错事，但由于父母对孩子倍加呵护，即使孩子做错了事，也不必自己收拾残局。这就导致孩子不懂得道歉，不愿意承担过错，这对孩子的成长和人际交往是很不利的。因此，父母想让男孩成为有担当的人，就要教会他认错和道歉。

别让诚实毁于责骂

当发现男孩做错事时，很多家长都会着急、气恼，甚至不分青红皂白地训斥孩子。他们希望严厉的惩罚能够让孩子吸取教训，遏制孩子的行为，却忽略了严厉的惩罚会增强孩子的恐惧感。这种做法不但不能解决问题，还可能迫使孩子产生防卫心理，在下一次做错事后，会想办法编造谎言以躲避严厉的惩罚。

如果一个孩子做错事，向父母老老实实讲明情况后，父母却大发雷霆，把孩子痛打一顿，他以后还敢说实话吗？这种说实话的后果是让孩子恐惧的，孩子感到害怕，因此以后再做错事，可能就会用说谎来逃避责任，躲避父母的打骂。可见，父母发现孩子有过失行为时，要本着关心爱护的原则，采取细致、耐心的方法，冷静地听听孩子的想法，帮助孩子找出错误的根源，再改正错误。急躁、粗暴地对待孩子，甚至进行打骂、体罚等，只会适得其反，让孩子的诚实毁于责骂。

1946年7月4日，德国法西斯已经灭亡了一年零两个月。这一天，离华沙170公里的凯尔采市的几百名群情激奋的市民冲向街头，见犹太人就打、就抓、就杀，有的犹太人被抓到帕兰蒂大街7号的一幢房子里活活打死。这场肆无忌惮的屠杀从早上10点持续到下午4点，有42人被杀害，其中2人是被误当成犹太人打死的。

说来令人难以置信，这次屠杀竟是由于小孩说谎而引起的。赫里安——一个波兰鞋匠的儿子，当时他和父母从20公里外的乡村搬到凯尔采市，住了才几个星期，对城里的生活很不习惯。7月1日，他偷偷搭车回到乡村小朋友之中，3天后又溜回城里。见儿子回来，父亲不禁恼恨交加，拿起鞭子就揍他，并大声责问：“你这顽皮鬼，这几天跑到哪儿去了？是不是给犹太人拐去了？”孩子见父亲凶神恶煞般，非常害怕，于是顺水推舟地“承认”这几天是被犹太人拐了去，还谎称犹太人把他拐到帕兰蒂大街7号的一个地窖里虐待他。

第二天上午，愤怒的父亲带着赫里安到警察局去报案。在回家的路上，很多路人好奇地问父子俩发生了什么事，父子俩绘声绘色地讲述赫里安被犹太人拐去折腾了几天。当时，虽然第二次世界大战已经结束了，但德国法西斯的排犹思潮阴云未散。几个路人听信了谎言，异常愤怒，声言要对犹太人报复，而捏造的“事实”在几小时内一传十，十传百，越传越走样（甚至传说赫里安被犹太人杀害了）。于是，酿成了7月4日这一天对犹太人的屠杀悲剧。

转眼间几十年过去了，帕兰蒂大街7号这幢房子早已重新修葺，改为纪念馆，让世人不忘过去，珍惜今天。但是，每当赫里安回想起这段历史，他都会有一种负罪感。

一个孩子的谎言竟然引起了42人被屠杀，可见谎言的危害性。赫里安离家出走3天后回家时，见到凶神恶煞般的父亲，非常害怕，因此顺应父亲说是被犹太人拐了去，还谎称受到虐待。赫里安为了摆脱困境而撒谎，他担心讲真话受到惩罚。但是，说谎的结果是让他一生都不能脱离负罪感。如果当初赫里安的父亲换一种态度，怎么会导致这42人被摧残致死呢？

可见，对待做错事的孩子，父母不能武断地否定或责备孩子，否则，孩子会用谎言为自己辩护。父母应该鼓励孩子说实话，了解事情的原委后，在让孩子明是非、辨善恶的基础上，对孩子进行正面教育，让孩子吃一堑长一智，避免再犯类似错误。另外，父母不能在孩子承认过错后对孩子加重责罚，而应该对孩子老实认错的行为给予表扬，借以巩固孩子诚实的美德，让孩子养成勇于承认错误、改正错误的好品质。哲人罗素曾说：“孩子不诚实几乎总是恐惧的结果。”

心理学家经过研究发现，孩子说谎有时是因为讲了真话后受到了惩罚，所以不敢再说真话。另外，家长处理不当也容易使孩子说谎。当孩子并不想说谎，但又不能说出事实真相的时候，家长却非要孩子交代，他只好选择说谎。为了避免孩子的诚实被父母的责骂吓跑，在生活中，家长要注意以下几点。

1．家长以身作则，不“教”孩子说谎。在孩子心目中，父母有很高的威信，他们一般都认为父母说的或是做的都是对的。如果家长自己“说谎”，孩子会自然而然地模仿。比如，家里有客来访时，家长不能因为不喜欢接待来访者，就让孩子撒谎说父母不在家。给孩子的承诺，父母一定要及时兑现。

2．当孩子诚实地说出事实时，不能因对孩子的不满而惩罚说真话的孩子。如果孩子告诉父母自己在学校挨批评或考试不及格，会受到父母劈头盖脸地一通严厉批评，孩子慢慢地就会认为说真话要受到惩罚，不说真话倒能平安无事。再碰到类似的情形，孩子可能就会想尽办法说谎、隐瞒，以逃避惩罚。所以，当男孩第一次告诉父母他在外面闯了祸，或学习成绩不好时，家长首先应表扬孩子的诚实和承认错误的勇气，然后再对孩子的错误进行批评，最后帮助孩子分析出错的原因，找出解决问题的办法。久而久之，孩子就会养成诚实的习惯，有了困难也愿意求助于家长。

3．父母要尊重、信任孩子。受到家人尊重、能够发泄牢骚的孩子一般都比较诚实；而在过分严格管教下的孩子，对父母有较多的恐惧感，常常为了逃避责骂而说谎。发现孩子不诚实时，父母切忌当众揭发、批评孩子，可以把他悄悄叫到一边，单独和他谈话。在指出孩子的谎言后，告诉孩子愿意给他一次改正的机会，不当众揭发批评他。同时，向孩子阐明说谎和欺骗的危害性，警告他下不为例。

给父母“穷”养男孩的忠告

当男孩做错事时，家长一定要冷静，要向孩子耐心地说明为什么不能做和应该怎样做的道理，使孩子明白错在哪里，学会处理问题的方法，并给孩子改正错误的机会。家长应本着尊重信任的原则，告诉孩子父母相信他今后会做得更好。千万不要一时动怒责骂甚至动手打孩子，这不仅不利于孩子改正错误，还会导致孩子养成说谎的习惯。

男孩要用行动为自己的过失“埋单”

为了培养男孩的责任心，父母要告诉孩子：比起语言的道歉，尽力用行动为自己的过失埋单，更能让人感受到你的责任心和诚意。因为男孩只表达歉意，人们可以原谅他的过失，但没有抹掉别人心中“这个孩子容易犯错误”或“这个孩子做事不太认真”的印象。如果要彻底抹去这个印象，男孩就要在真诚认错之后，用实际行动来证明自己没有敷衍了事，自己确实对错误负责了。

日本著名人类学者高桥敷先生在秘鲁的一所大学任客座教授时，曾与一对来自美国的教授夫妇比邻而居。有一天，这对夫妇的小儿子不小心将足球踢到了高桥先生家的门上，一块花玻璃被打碎了。

发生了这样的事情，高桥先生和他的夫人按照东方人的思维习惯，估计那对美国夫妇很快会登门赔礼道歉。然而，他们想错了。那对美国教授在儿子闯祸之后，根本就没有出现。

第二天一大早，是那个孩子自己，在出租车司机的帮助下，送来了一块玻璃。小家伙彬彬有礼地说：“叔叔，对不起。昨天我不留神打碎了您家的玻璃，因为商店已经关门了，所以没能及时赔偿。今天商店一开门，我就去买了这块玻璃。请您收下它，也希望您能原谅我的过失。这种事情再也不会发生了，请您相信我。”

理所当然地，高桥夫妇不仅原谅，而且喜欢上了这个通情达理的孩子，他们款待孩子吃了早饭，还送他一袋日本糖果。

事情本来可以画上句号了。然而，出人意料的是，当孩子拿着那袋糖果回家之后，那对美国教授却出面了。他们将那袋还没有开封的糖果还给了高桥夫妇，并且解释了不能接受的理由：一个孩子在闯了祸的时候，不应该得到奖励。

在他们看来，这个小男子汉应当学会对自己的行为后果负担起他能负的责任了。这个孩子打碎了邻居家的玻璃，为了赔偿这块玻璃，他几乎花掉了自己存折上所有的零花钱。但是，他绝不会因此得到家长一分钱的“财政补贴”。如果钱不够的话，父母可以考虑借钱给他，但他必须有自己的还款计划。比如，早晨为附近的邻居送牛奶、取报纸，周末为别人修剪草坪，节约自己每周的零花钱，等等。之所以这样做，是让他为自己的过失付出代价。只有付出这种代价之后，他才能接受这个宝贵的人生教训。

儿子做了没礼貌或是损害别人利益的事，要不要自己向别人赔礼道歉，这对美国教授用自己的行动表明了态度：儿子应该为自己的行为后果负担起他能负的责任，这样他才会深刻地记住这个宝贵的教训。

在中国，孩子做了错事，有些家长认为：“孩子懂什么！非要道歉不可的话，由家长替孩子道歉就行了。”家长代替孩子认错、道歉的用心是出于疼爱孩子，但这种“疼爱”不是真正的疼爱，而是在袒护孩子的过错，让孩子不能获得应有的教训，也不能建立起对自己言行的责任感。在以后的生活中，孩子仍然不知谨言慎行，很有可能还会重犯过去的错误。

让男孩学会负责任是一个循序渐进的过程。刚出生的孩子不必负责，因为他还小。但随着年龄增长，能力增强，孩子也要承担相应的责任。有的家长没有对孩子进行责任训练，如不让孩子自己穿衣、吃饭等，自己代替孩子做事，认为孩子大了自然就好了。这样做的结果就会给孩子一个暗示：责任可以由父母来承担。孩子成长的一点一滴中，会有无数个这样的细节，最终一起构成了孩子不负责任的品格。

责任不会凭空飞来，也需要播种与培育。10岁的孩子不会开飞机，没有家长对此进行埋怨，因为大家都知道他没受过相应的教育和训练。但埋怨孩子不负责的却很多，这是家长需要改变的一个思维方式。

小孩子很少做太出格的事，但如果家长总是代替孩子认错、道歉，久而久之，孩子就会放任自己的言行，认为有家长兜着，自己可以肆无忌惮、为所欲为。因此，家长应该教育儿子从小对自己的言行负责，不要等到将来再追悔莫及。

很多家长已经面临一些现实的困难，比如，孩子从小养成了做功课需要家长陪读的习惯。家长不看着写作业，作业就写不完，或是写得一团糟，家长和孩子之间形成了不良的责任互动。孩子不能为自己的学习负责，家长就不敢放手；家长越不放手，孩子就越不能负责。让儿子对自己的学习负责，家长可以有计划地逐步放手，一点点地训练。家长首先要克服自己的焦虑感和无能感，承担起家长的责任。这既可以让孩子安心，也是对孩子的示范。事实上，只要家长静下心反思自己的教育行为，勇敢地承担起教育责任，多想想办法，一定会找到适合自己孩子的教育策略。

如果家长从内心尊重孩子，能够看到他们不断成长的知识和能力，相信他们会积极做事而且会把事情做好，放手让他们去做，孩子带给家长的可能就不仅仅是惊喜了。

给父母“**穷**”养**男孩**的忠告

真正有责任心的人对于自己过失的负责并不仅限于思想上和语言上的表示，只有那些真正有责任心的人才会为自己的过失深感不安，才会想尽一切办法来弥补过失，也只有这样的人才能赢得他人的信赖和敬重。父母要想让男孩成为一个有担当、有责任心的人，就一定要让他学会用行动来证明自己。

让男孩克服经常找借口的习惯

失败者总是为自己的失败寻找各种借口，而成功者大都不善于也不需要编造任何借口。因为成功者能为自己的行为和目标负责，也能享受到自己努力的成果。男孩大都淘气，做错事的机会多，因此容易养成找借口的习惯。对此，家长一定要帮儿子克服，尤其要让他们明白：借口用多了，就会成为潜意识里的“理智声音”，在耳边告诉自己因为某种原因不能做某事。只有抛弃所有的借口，找出解决问题的办法，才不会让借口淹没了自己的潜力和才能。

一个人要想成功，就不能找任何借口，而是对自己毫不留情，像猎豹一样盯住猎物并擒住它。有些人在做事之前习惯于先找借口，这不能做，那也不能做，实际上就是不能做自己。借口像瘟疫一样毒害着他们的灵魂，并且互相感染和影响，极大地阻碍了他们潜能的正常发挥，使他们丧失斗志，消极处世。对于这些人，借口已经吞掉了他们做事的希望。

当儿子开始蹒跚学步时，每次跌倒在地，妈妈就使劲儿用手拍地说："都是地不好，把我的宝贝跌倒了。"儿子撞到桌子上磕痛了，妈妈就使劲儿用手打桌角说："桌子不好，把我的宝贝碰疼了。"久而久之，儿子一受委屈，就眼泪汪汪地等着妈妈找出"罪魁祸首"来给他出气。

转眼间，儿子已上幼儿园大班了，也明白自己跌倒却怪地不平是很可笑的事情。但是，他做错任何事，都会习惯性地找理由为自己开脱。如"妈妈，今天我跌了一跤，是爷爷不好，他没有拉住我的手。""妈妈，今天我没拿到五角星，是老师不好，我帮小朋友收拾铅笔，老师没看见。""妈妈，今天我去游泳班迟到了，是爸爸不好，他没有按时叫醒我。"反正，只要犯了错误，都是别人的不好，他自己永远没什么不好。

夏天，儿子喜欢光脚在地板上跑。天气凉了，妈妈让他穿上拖鞋，他跑着跑着就把拖鞋跑丢了。妈妈给他穿上，但用不了5分钟，拖鞋又不知被他扔到哪儿去了。妈妈没办法，只好在地板上铺上地毯，让儿子在地毯上玩儿。但是，儿子习惯性地光着脚去厕所，结果着凉了，发起了高烧。

医生说要输液，儿子吓坏了，他一边用小拳头拼命捶打妈妈，一边大哭大叫："是妈妈不好，没有在厕所里铺毛毯。"妈妈看着儿子含泪的双眼中射出的怨恨，彻底惊呆了！这样下去，当儿子长大了，找不到一个理想的工作时，他会不会说："都是妈妈不好，没给我安排一个好工作。"这样推下去，儿子岂不要怨恨自己一辈子！

妈妈知道，再也不能让儿子找借口了，他应该承担起自己的责任。否则，等他长大了，他就会埋怨：“都是妈妈不好，没有教给我承担责任的勇气。”

从医院回家后，妈妈做的第一件事就是把地毯全部收起来，然后一字一顿地告诉儿子：“你要把拖鞋穿好，再穿丢了，着了凉，那就是你自己不好！”

人们总是可以找出各种各样的借口为自己开脱，比如，运气不好、健康状况差、家里没有资本等。拿破仑·希尔说：“找借口解释失败是人类的习惯。这个习惯同人类历史一样源远流长，但对成功却是致命的破坏。”上例中的儿子对于任何事情都习惯于为自己找借口，甚至自己着凉生病也要埋怨妈妈不好。好在妈妈猛然惊醒以前教育的失误，及时改正错误，以免儿子将来会用更多的借口来对付失利。

富兰克林·罗斯福因患小儿麻痹症下身瘫痪，他最有资格为自己找借口。可是他从来不去找任何借口，而是以坚定的信心和顽强的意志向一切困难挑战，最终冲破传统的束缚，连任4届美国总统，在美国历史上写下了光辉灿烂的成功篇章。

男孩都有为自己找借口的习惯，这一缺点是其走向成功之路的绊脚石。如果男孩经常用借口来应付父母的督促和检查，就会养成说谎的习惯，把借口作为一种自我保护工具。如何克服孩子找借口的习惯是家长必须认真对待和思考的问题。

克服孩子找借口的最好方法是解除孩子找借口的理由。比如，孩子说生病了不去上学，家长可以带他去看医生。平时注意避免发生误解，经常和孩子进行沟通，当孩子有烦恼无法自我排解时，做好孩子的疏导工作，往往可以避免孩子找借口。

在家庭生活中，家长要注意激发孩子的学习兴趣，引导孩子养成良好的生活、学习习惯。兴趣是最好的老师，良好的习惯是成功的基础，学习和生活都顺心如意，孩子自然不再有找借口的动机。

很多孩子对家长不信任，不愿意把事情的真正原因告诉家长，所以采取说谎、找借口的方式。这种不信任感的产生大多是因为家长较少关注孩子的感受和需要，它是家长与孩子沟通的障碍。此时，家长应注意多倾听儿子对人、对事的感受和看法，同孩子一起寻找解决问题的办法。

给父母"穷"养男孩的忠告

父母的一言一行对孩子有着潜移默化的影响，孩子为自己的行为寻找借口与家长的言行有着极大的关系。因此，家长在履行自己的神圣职责时，要适时调整和改变自己，同时要根据孩子的实际，研究、分析造成孩子找借口的根源，并对症下药，从而达到杜绝孩子为自己的行为寻找借口的现象。这是帮助孩子改正为自己找借口习惯的关键。

让男孩自己认识过错

没有人不犯错误，不过犯了错误并不可怕，可怕的是不承认错误，拒绝改正错误。作为男孩的第一任老师，帮助孩子认识并改正错误是父母义不容辞的责任。通过激发男孩内心的责任感，让他们主动承认自己的过错，并想办法弥补自己的过错，是教育孩子认识过错的最好办法。

列宁从小性格开朗，活泼好动，常常把家里的东西弄坏。

他8岁时，母亲带他到姑妈家做客，列宁不小心打碎了一只花瓶，当时没有人看见。

姑妈发现碎花瓶时，问孩子们：“谁把花瓶打碎了？”孩子们

都摇头说“不是我”。列宁怕说出实话会遭到责备，也跟着大家一起喊“不是我”。

但是，列宁的表情没有逃过母亲的眼睛，母亲断定花瓶是儿子打碎的。儿子在家里就非常淘气，经常发生类似的事情，但是每次他都会主动承认错误，从不撒谎。母亲想把列宁教育成一个勇于承认错误的诚实的孩子。于是，母亲没有拆穿儿子的谎言，而是经常给列宁讲一些诚实守信的故事，期望儿子的良心深处萌发出对自己错误行为的羞愧感。从此，母亲明显感觉到列宁不像以前那么活泼开心了，好像有什么事情在折磨他。

一天晚上，母亲像往常一样，给列宁讲故事。列宁突然哽咽地大哭起来，他伤心地告诉母亲说：“我撒了谎，姑妈家的花瓶是我打碎的，但我没有承认。”母亲耐心地劝慰道：“你是好样的，这没什么，勇于悔过就是好孩子，赶快给姑妈写封信，向她承认错误，她一定会原谅你的。”

在母亲的帮助下，列宁给姑妈写信承认了自己的错误，请求姑妈的原谅。姑妈很快回信，她不但原谅了列宁，还称赞他是个诚实懂事的好孩子。列宁十分高兴，他悄悄地对母亲说：“做诚实的人真好，心里踏实，也不用有思想负担了。”

人在一生中会犯下大大小小的错误，犯错是一种经历，也是一个学习的过程。只要能够认识错误，从错误中接受教训，总结经验，以后不要再犯，错误也会变成人生中的一笔财富。列宁在撒谎后，很长时间都不高兴，直到他主动向姑妈承认错误，得到姑妈的原谅后，才又变得活泼开心。这是因为他认识到自己的错误，丢掉了撒谎的包袱，从心灵上得到解脱。

法国作家雨果曾说：“尽可能少犯错误，这是人的准则；不犯错误，那是天使的梦想。尘世上的一切都是免不了犯错的。”每个人都是在犯错误、认识错误、改正错误的过程中成长的。当儿子犯错误时，父母不要严厉批评，甚至斥骂、拳脚相加，而是要多一些耐心和宽容，给孩子一个自省和补过的机会，让孩子记住教训。每个人都会犯错误，重要的是敢于承认错误，承担责任，并从中吸取教训。

犯了错误并没有什么大不了，但不敢主动承认错误就是最大的悲哀。有的孩子在弄坏玩具后，就把它藏起来，以为这样父母就不会发现他的错误。但这样做后，心里又总是忐忑不安，生怕大人发现了他的秘密。这是因为孩子不知道自己是否能够得到谅解。只要敢于承认错误，并表示歉意，然后努力改正自己的错误，解决由此而带来的问题，每个人都愿意给他一次改过的机会。所以，父母应该引导孩子把错误当作学习的好机会，而不是把它藏起来，让孩子学会主动认识错误，勇于承担责任。

对于犯了错误的男孩，家长要根据孩子的特性，作出相应的方案。如果孩子所做的事就是错误的，家长不应直接处罚孩子，最好的方法是在分析清楚错误的起因后，让孩子自己来判断事情的对错以及错误的严重性。如果孩子所做的错事属于明知故犯，甚至一犯再犯，家长有必要检查一下自己做法的缺点，并及时纠正。

一般情况下，对于男孩所做的正确的事，家长应及时给予肯定和表扬，并针对事情的经过进行分析，结合孩子的年龄特征，给予必要的引导。比如，告诉孩子：“你如果继续这么做，你的成绩可能会更好。”对于善于深入分析的孩子，可以阐明道理，引导孩子自己认识、辨别以后应该如何去改善。

给父母“穷”养男孩的忠告

要让男孩正确地认识到错误，没有正确的引导方式，孩子可能永远都不会意识到自己错在哪里，而家长通过训斥或谩骂来达到自己想达到的效果似乎也行不通，这样有可能会让孩子从此形成胆小、怯弱、举棋不定的性格。这无疑对孩子的成长不利。家长需要掌握好具体的方法，及时改善孩子的错误，让孩子健康成长，不影响孩子的未来。

第八章

宽容是男孩一生的资本——做个谦逊大度的小绅士

宽容是男子汉的风度

宽容是一种美德，具有这种美德的男孩将会避免很多不必要的精神困扰，始终怀有愉悦的心情去生活。宽容是一种境界，能够达到这种境界的男孩将看到更广阔的前景，感觉世界上所有人都对自己微笑。爱默生说：“宽容不仅是一种雅量、文明、胸怀，更是一种人生的境界。宽容了别人就等于宽容了自己，宽容的同时也创造了生命的美丽。”

宽容是一种仁爱的光芒，是对别人的释怀，也是对自己的善待。一个人的胸怀能容得下多少人，才能够赢得多少人。因此，父母应该教育男孩学会宽容。

一次考试，嘟嘟发现老师在算分数时，给自己少算了2分，因此他排到了第五名，本来他应该是第三名的，为此，他很生气。回到家后，他不满地向爸爸抱怨老师的粗心大意。爸爸听后，对儿子说：“老师有那么多试卷要改，难免丢了2分，这有什么关系？你那道题做对了，只是老师漏记了那2分，但这并不影响你对知识的掌握。至于名次，爸爸觉得不重要，没有必要计较，以后有的是机会。下次你考好，不仅可以得第三，还有可能拿第一呢，你说是不是这样？”嘟嘟听了爸爸的教导，自己仔细想想，慢慢地心平气和了。下一次考试时，他果然得了第一名。

嘟嘟的妈妈同样重视对儿子进行宽容的教育。一次，同桌不小心弄坏了嘟嘟心爱的自动铅笔。嘟嘟很生气，发誓再也不跟他说话了。妈妈知道后，对嘟嘟说：“这样的事难免发生，你不是也曾经把别的小朋友的皮球踢坏吗？那都不是有意的。同学弄坏你的铅笔，你自己动手修理一下，不是照样可以用吗？”嘟嘟听了妈妈的话，主动原谅了同桌，两人和好如初。

后来，有一次嘟嘟不小心划破了同桌的衣服，同桌也笑笑说没关系。两个人就这样变成了很要好的朋友，嘟嘟也明白了与人交往时宽容的重要性。

爸爸妈妈抓住每一次机会，引导嘟嘟学会宽容待人。生活中每个人都不可避免地要与他人打交道，宽容待人，能够让敌人成为朋友；斤斤计较，能够让朋友变成敌人。宽容是一种风度、一种力量，掌握并运用这种力量的男孩会变得自信、强大、坚忍不拔。

宽容别人就是善待自己，将心比心，多给人一些关怀、尊重和理解，也会得到对方的关怀、尊重和理解。宽容就是对别人的缺点不幸灾乐祸，而是善意指出；宽容就是对别人的危难不袖手旁观，落井下石，而是尽力相助；宽容就是在人生得意马蹄疾时，也不会得意忘形，居功自傲，而是多想想别人对自己的帮助和恩惠，让三分功给别人。

蔺相如因“完璧归赵”立了大功，被封为上卿，位在大将军廉颇之上。廉颇自恃功高，很不服气，扬言要羞辱他。蔺相如听到后，尽量回避、忍让，不和廉颇发生冲突。门客以为他胆小怕事，蔺相如说：“秦王那么厉害，我都不怕，难道还怕廉颇？我考虑，强大的秦国之所以不入侵赵国，就是因为有我们两人在。如今二虎相斗，必有一伤，势必削弱抵御外敌的力量。我之所以躲避廉将军，是先国家之急而后私仇啊！”廉颇听到这话后，感觉很惭愧，于是负荆登门请罪，将相重归于好，成了生死之交。蔺相如的宽容不仅得到了廉颇的尊重，还使二人成为生死之交，可见宽容的力量是无穷的。

现在的家庭中，每个孩子在父母的心目中都是宝贝，至高无上。父母不希望自己的儿子成为受气包，也不希望他成为一个到处惹是生非的小霸王。所以，对男孩进行宽容教育时，让孩子把握好这个“度”，显得尤其重要。

教育孩子学会宽容，父母先要摆清认识。把孩子当作家庭里的一个普通成员，不溺爱娇惯，不会无限度地满足他的愿望，也不能给他特殊权利或是让他高高在上；必须让他正确认识自己在家庭中的位置，心中有他人，而不是以自我为中心，一切只顾自己。适当让孩子体验一下吃亏让步的感受，以锻炼孩子的克制能力。鼓励孩子与同伴交往，让他从中得到锻炼，在解决矛盾的过程中认识到：只有团结友爱，宽容谦让，才能享受共同玩耍的快乐。教育孩子尊老爱幼，体谅他人的辛苦，珍惜他人的劳动成果。在家庭中，家长要做友爱宽容的典范，让孩子成长在一个温馨和谐、友爱宽容的家庭环境中，使他在潜移默化的影响中形成宽容忍让的好品质。

宽容不仅是男孩应有的一种风度，还会让男孩在社会里生活得更快乐、更从容。一个宽宏大量的人，常常主动为他人着想，积极关心和帮助他人，与人为善，因为计较得少，人生就会处处充满幸福与美好。

给父母“穷”养男孩的忠告

孩子的宽容心是一种非常珍贵的感情，它主要表现为对别人过错的原谅。这种感情对于孩子个性的健康发展，尤其是情感的健康发展，以及对于孩子良好人际关系的建立都有着非常重要的意义。父母应该利用男孩犯错的契机，让孩子明白人人都有可能犯错误，谁都难免会有过失，在帮助孩子改正错误的同时，引导孩子学会原谅、容忍他人的过失，学会宽容待人。

让男孩学会正确“争”与“让”

“融四岁，能让梨”，孔融小小年纪懂得谦让的故事在中国家喻户晓。道理无论讲了多少遍，很多家长还是觉得自己的儿子很“强悍”、很“霸道”，自私、占有欲望极强，不懂得与别的小朋友分享。在学校或在家里，男孩之间经常会争抢喜欢的玩具，这会让家长和老师觉得孩子很“独”，以至于担心孩子日后与人难相处。

说起男孩的霸道，很多家长的脑海里立刻浮现出“小霸王”“小魔头”等称谓，这样的孩子实在是不怎么讨人喜欢。但是跟只争不让的“霸道”男孩相反，不霸道的男孩又怎么样呢？如果男孩事事处处都不懂得如何争，只知道退、忍，是不是更让妈妈着急呢？

有些家长担心，孩子过分忍让，将来会在充满竞争的社会里吃亏。

我们来看两个场景：

场景1：小男孩天天没上幼儿园以前，一直由爷爷、奶奶带养，并备受老人的宠爱。天天有时说话没礼貌，或是外出惹祸，父母批评他，爷爷、奶奶不仅护着他，还在他面前数落父母：“不该对孩子要求那么高，等长大后他自然就懂事了。”现在天天上幼儿园了，对自己喜欢的玩具，或是想玩的游戏，表达方式很简单，不用说什么，直接上手抢、掐、踢、推……并且出手特别快，一两下就让小同伴负伤退场，弄得幼儿园老师常常打电话给天天的父母。

场景2：小男孩康康快3岁了，每次和邻居家小姐姐一起玩的时候，他总是谦让。比如，康康玩什么玩具，小姐姐总要来抢，不给就大哭。每次康康的妈妈就哄康康把玩具给她，有时康康实在不愿意了，妈妈就从他手里抢过来给小姐姐。有时，小姐姐也会亲自去抢，每次康康总抢不过她。开始时，妈妈觉得自己的宝宝很谦让，这是一种美德，可老是这样让，已经不是康康自愿的谦让了，这样会不会挫伤宝宝的自尊心啊！康康的妈妈好为难、好着急。

从上面的两个场景中我们可以看出，那些只争不让的“小霸王”和那些过分谦让的“谦谦君子”，都会让家长着急上火。那么，“争”与“让”，到底哪个才是男孩最需要的品质呢？

其实，男孩不管是喜欢争强好胜，还是喜欢谦让，都是他天生就有的性格。无论性格强与弱，都不是孩子的错。关键是，做家长的如何调整好这个“度”，让男孩做一个既不霸道欺人，也不隐忍自我的豁达孩子。这就要求家长教男孩适度的“争”与“让”，不仅懂得如何对别人“让”，也要学会与他人“争”，表达自己的想法，满足自己的心愿。

儿童心理学家指出，孩子在与同伴互动的过程中，他们不会以压抑自我需求为代价，他和伙伴“争”的是自我意愿被充分尊重。然后，当孩子体会到对方的情绪时，就愿意去满足对方所做的妥协，“让”出自己的利益，以达到共赢的目标。整个过程中，“争”与“让”都是发自内心的。如果是为了得到夸奖而做的虚假谦让，或者为了逃避而做的忍让、赌气的谦让，就背离了快乐共享的目标，在孩子心理上都不能产生积极的影响。

那么，父母应该怎样教男孩正确的“争”与“让”呢？以下几个方法值得家长们借鉴。

1. 别强迫孩子与别的孩子分享物品。在看到自己孩子的玩具被抢后，有的家长会责备孩子：“你怎么那么小气不和人分享啊！”有的家长会说：“儿子，没吓着吧，别人抢你的东西你就抢回来，别怕他！”这些做法其实对孩子的心理成长都没有益处。

实际上，男孩“霸道”是其自我意识建立的一种表现，也是对物品专属权利占有的自我意识的体现。孩子的自我意识强烈，但他们的语言能力、人际交往能力以及自我认知能力的发展还不完全，这就导致孩子只知道“我的”，却不知道“他的”“你的”，且不知道用什么方式去解决，因此孩子最先想到的就是用抢和打人来解决争端。当孩子之间出现争端时，父母需要及时引导孩子用“和平”的方法解决问题。如果强迫孩子与别的孩子分享，很容易造成孩子人际智能的发展不健全，使其以后愈发以自我为中心，过分在意并想方设法保护自己的东西。

2. 启发孩子思考判断自己该不该谦让。有的男孩总是谦让，从来不和别的小朋友争。看到这种状况，父母往往很着急，面对他喜欢的东西，他怎么都不跟别人争呢？如果孩子是心甘情愿地把自己的东西给别的孩子，父母不但无须担心，还要鼓励孩子，让孩子内心有被认同感。如果孩子不愿意把东西给别的孩子，或由于自己胆小不敢要回来，这就需要父母让孩子学会用轮流、分享等方法，在保护自己的东西的同时，与大家一起开心地共享。如果是为了得到夸奖而做的虚假谦让，或者为了逃避而忍让、赌气，在孩子心理上都不能产生积极的影响。

3. 鼓励孩子在环境中寻找规则。孩子良好习惯的养成要借助于严格的规则，这就要求父母多鼓励他们在游戏和环境中寻找规则。比如，在上厕所、喝水、坐公交车时，教育孩子要排好队等待，不要蜂拥而上；想玩别人的玩具时要有礼貌地和别人说……这些道理看似简单，一些孩子却很难做到。遵守规则将有助于培养孩子的耐心和谦让心。

4. 教育孩子遇事要协商。孩子之间发生争执不可避免，关键是如何解决问题。父母要教育和引导孩子用协商的方法解决争执。例如，孩子们在为某个玩具争抢时，父母可让他们采取轮流的形式玩儿；在玩沙滩游戏过程中，为了工具争执时，可引导孩子合作完成作品；等等。

给父母“穷”养男孩的忠告

在孩子的世界里，打打闹闹、产生争执避免不了，无论是吃亏、占便宜，还是被欺负，都是很平常的事情。面对过分“争”的孩子与过分“让”的孩子，父母都要合理地进行引导，帮助他们纠正行为中的不妥之处，让他们能够更好地成长。

让男孩学会原谅别人

男孩在交往过程中经常遇到一些矛盾和冲突。正确引导孩子恰当地处理问题，能促使他们慢慢地了解“自我”与“他人”的关系，知道蛮横、不讲理、任性和霸道在社会上是行不通的，并从中学会与人相处、妥善处理问题的方法。男孩学会原谅别人，对孩子形成良好的性格有着独特的作用。每个人都会犯错误，如果不会原谅别人，也将得不到别人的原谅。

5 岁的毛毛辛辛苦苦地用积木搭了一座大房子，没想到被 3 岁的阳阳一不小心碰倒了。自己的劳动成果被破坏了，毛毛很恼怒。面对阳阳双眼含泪的道歉，毛毛坚决不肯原谅，不但手脚并用地打阳阳，还哭着喊：“不行，我要你赔！”

妈妈对毛毛说：“你很伤心，也很生气，妈妈能理解你的心情，所以妈妈不会因为你今天的表现而责备你。妈妈知道你搭好这个房子很辛苦，十分不容易，但阳阳不是故意要碰倒你的房子，这只是一个意外。阳阳还小，她才3岁，还不能像毛毛一样那么小心翼翼地做事情。”

毛毛听了妈妈的话，仍然不肯原谅阳阳，固执地认为阳阳是故意碰倒的。妈妈说：“那么毛毛昨天早上把牛奶倒在了桌子上，还把杯子打破了，是不是也是故意的呢？妈妈昨天看到牛奶洒了也很生气，但后来妈妈听毛毛说对不起的时候，就已经明白你不是故意的，只是因为不小心，所以妈妈就原谅了毛毛。你要不要试试原谅别人是什么感觉呢？阳阳已经诚恳地向你道歉了，毛毛也应该有一点儿风度，原谅阳阳，才说明毛毛真的长成男子汉啦！”

在妈妈的劝说下，毛毛最终原谅了阳阳，两个人又在一起高兴地玩玩具了。

本例中，妈妈从三点来竭力劝说毛毛正确看待问题：第一，阳阳不是故意的，她还小，做不到小心翼翼；第二，毛毛曾经不小心洒了牛奶，妈妈原谅了他；第三，原谅别人是一种不同的感受。尽管毛毛才5岁，但这件事肯定会对他的成长起到重要的作用。从这件事情中，他学会心胸开阔，学会原谅别人。

原谅别人，给别人机会也是给自己机会。谁也不能保证一辈子不犯错误，现在原谅了别人，等以后自己不小心给别人造成伤害时，他也一定会原谅自己。做人一定要心胸开阔，能容人处且容人，不要斤斤计较，只有心胸开阔才会得到别人的欢迎与尊重，才会有更多的朋友，才会有绚丽多彩的人生。

学会原谅别人，有利于克服男孩“自我中心”意识，了解“自我”与“他人”的含义；有利于男孩将来建立和谐的人际关系，培养良好的社会适应能力和合作精神；有利于男孩学会宽容、忍让，处处为别人着想。

目前，“421”家庭结构造成男孩“自我中心”意识较为严重，家长应该如何教育儿子学会原谅别人呢？

1．创造机会让孩子接触更多的同龄人。通过在交往中取长补短，提高男孩的人际交往能力及社会适应能力，养成良好的性格。

2．当男孩在交往中遇到矛盾和纠纷时，家长首先应当给予孩子抚慰，之后帮助孩子分析事情发生的原因，找出自己或别人的不对之处，让孩子明辨是非后再妥善处理。

3．告诉男孩对朋友要以诚相待，对其错误要帮助改正。让孩子知道，原谅他人就是给对方改正的机会，更有利于增进友谊。

4．疏导、转移孩子对矛盾结果的注意力。引导孩子反思发生矛盾的起因，检讨自己的过失，对伙伴的缺点与失误行为要宽容。

5．父母要给儿子做出榜样，遇到矛盾或冲突时能宽宏大量，不怕吃亏，不计较得失。得饶人处且饶人，让孩子受到熏陶与教育，他才能逐渐学会原谅别人。

6．帮助男孩掌握原谅的标准，正确处理发生的问题，告诉他们哪些可以原谅，哪些不可以原谅。原谅、忍让不等于没有原则，不是放弃批评与反抗。对于小是小非，没有严重后果的个人冲突，无意的损伤等不要太计较，要加以忍让和原谅。对于影响友谊与集体荣誉，故意搞破坏等行为，绝对不可以忍让和原谅。告诉孩子可以采取灵活的方式、诚恳的态度，对其加以批评、制止。切忌不注意场合分寸，言辞过激，盛气凌人，这样有可能增加对方的抵抗情绪，使事情更糟糕。

7．让男孩体验一下不原谅别人的害处，总是斤斤计较，毫不容人，大家就会害怕并且不喜欢与他做朋友。

给父母“穷”养男孩的忠告

霸道、蛮横、自私、无情、难以原谅别人的男孩，容易被孤立，将来走入社会可能要吃大亏。家长教男孩学会原谅别人，能促使他们慢慢地了解“自我”与“他人”的关系，知道蛮横、不讲理、任性和霸道在社会上是行不通的，并从中学会与人相处，妥善处理问题的方法。

尊重别人就是尊重自己

尊重别人是人与人之间相处的法宝，也是男孩应该具备的一种美德。只有懂得尊重别人，自己才能得到别人同样的尊重。不懂得尊重别人的人，也不会得到别人的尊重。尊重是人际关系的起点，获得别人尊重的前提是尊重别人。不知道尊重别人的男孩，在人际交往中就会有许多摩擦，失去很多朋友，将来的人生路上，就会失去许多帮助和支持。因此，父母应该教育儿子从小学会尊重别人。

巨象集团的总部设在纽约曼哈顿，是一幢70多层的大厦，大厦周围环绕着一片郁郁葱葱的花园绿地。

一天，一个妇人领着一个男孩走进这个花园，妇人好像很生气，坐在长椅上不停地和男孩说着什么。距他们不远处,一位头发花白的老人正在园中修剪灌木。

妇人突然从包里揪出一把纸巾揉成一团，随手扔到老人刚剪过的灌木上。白花花的一团纸巾在翠绿的灌木丛中十分显眼。老人看了看妇人，妇人也满不在乎地看着他。老人没有说话，捡起那团纸扔到不远处的一个筐子里。

老人拿起剪刀继续剪枝，不料妇人又将一团纸扔了过来。“妈妈，你要干什么？”男孩奇怪地问妇人，妇人示意孩子不要作声。

老人过去把这团纸也捡起来扔到筐子里。老人刚拾起剪刀，妇人扔过来的第三团纸又落在他跟前的树顶上。

就这样，老人不厌其烦地捡了妇人扔过来的六七团纸，始终没有露出不满和厌烦的神色。

“看到了吧！”妇人指着老人对男孩说，“我希望你明白，你现在不好好上学，以后就跟这个老园工一样没出息，只能做些低贱的下等工作！”

原来，这个男孩学习成绩不好，妈妈在教训他，眼前的老人成了她的“活教材”。

老人听到了妇人的话，放下剪刀走过来说：“夫人，这是集团的私家花园，好像只有集团员工才能进来。”

“那当然，我是巨象集团所属一家公司的部门经理，就在大厦里工作！”妇人高傲地说着，拿出一张工作卡冲老人一晃。

“我能借你的手机用一下吗？”老人突然问。

妇人不情愿地把自己的手机递给老人，一边仍不忘借机教导儿子：“你瞧这些穷人，都这么大年纪了连部手机也没有。你今后可要长出息哟！”

老人打完一个电话将手机还给妇人。不一会儿，一个人急匆匆地走过来，恭敬地站在老人面前。老人对他说：“我现在提议免去这位女士在巨象集团的职务！”

“是，我马上按您吩咐的去办！”那人大声应道。

妇人大吃一惊，她认出这个人是巨象集团人力资源部的高层人员。“你……你怎么会对这个老园工那么毕恭毕敬呢？”她惊诧地问道。

“什么？老园工？他是集团总裁詹姆斯先生！”

妇人颓然坐到椅子上，老人走过来抚了抚那男孩的头，说：“我希望你明白，在这世界上最重要的是要学会尊重每一个人……”

这个故事中的妇人知道教育儿子学习，却不知道教育儿子学会尊重，甚至故意扔纸让老人捡，以示自己的高贵，没想到老人正是集团总裁，结果因为不懂得尊重而受到了惩罚。只有真正学会尊重他人，尊重身边的每一个人，才能得到他人的尊重，最终才不会使自己受到损失。

人都有一定的自尊心，想要别人尊重自己，就必须先尊重别人。一个不懂得尊重他人的人，也不会得到他人的尊重。尊重别人的品德不是天生就有的，而是良好教育的结果。父母一定要认真培养，孩子才能学会尊重别人。

教男孩尊重别人最好的方法，就是父母在日常生活中以身作则，尊敬长辈，遵守公共秩序，对他人礼让……父母的表现就是孩子的一面镜子，孩子不仅在看，也在学。父母之间的尊重，对长辈的尊重，都会在潜移默化中影响教育孩子。有的家长经常当着孩子的面互相谩骂，揭对方的短处；有的家长喜欢在背后议论、嘲笑别人的短处；有的家长不尊重残疾人，带着鄙视的神情用对方的缺陷来称呼人家，这些不尊重别人的行为只会给孩子带来恶劣的影响。

另外，还要让男孩学会尊重别人的思想和理论。尊重父母，即使不满意父母的某些做法，也要礼貌地提出请求，而不是恶言相向；尊重老师，即使不赞同老师的观点和看法，也要等老师讲完，再举手示意说出自己的想法；尊重朋友，即使与朋友意见不统一，也要耐心地听对方讲述他的理由；尊重身边的每一个人，每人都是社会的一分子，即使对某人反感厌恶，也不能侮辱他们。

尊重是相互的，不是单向的。中国有句古语：人敬我一尺，我敬人一丈。在与人相识、相交的过程中，只有学会尊重，坦诚相待，才会得到别人的尊重。尊重别人是一种素质、一种修养、一种智慧、一种胸怀，它体现了人与人之间的理解、信任、团结等。尊重别人可以给对方以自信、力量和温暖。尊重他人，是男孩必修的一堂课，是中华民族的传统美德。尊重别人不是同情，不是怜悯，也不是赏赐，尊重别人就是尊重自己。

给父母“穷”养男孩的忠告

尊重他人是一种爱心的付出，是一种情感的交流和互动。爱是基础，尊重是表现形式。没有广阔真诚的爱做基础，就不能表现出对他人的尊重；没有对他人的尊重，人与人之间的友爱也无从谈起。只有让男孩学会尊重他人，奉献出真诚的爱心，才会得到他人的尊重和爱心的回报。

让男孩学会控制自己的情绪

学会控制自己的情绪，是男孩将来成功处世的关键。轻狂张扬多难逃一败，韬光养晦则易成大器。人非圣人，不会一生下来就能控制好自己的情绪，都需要在日常生活中进行培养。

有个男孩的脾气不怎么好，父亲给了他一袋钉子，并告诉他：只要他发脾气，就在后院的栅栏上钉一根钉子。第一天，这个男孩钉了37根钉子。渐渐地，男孩每天钉的钉子越来越少，因为他发现了一个问题，就是控制自己的脾气要比钉钉子更容易。终于有一天，这个男孩有了足够的忍耐力和控制力，他不再乱发脾气了。他告诉了父亲，父亲又交给他一个任务：从现在开始，每当他能控制自己的脾气时，就拔出一根钉子。就这样，一天天地过去了，男孩终于把所有的钉子都拔了出来。父亲拉着他的手来到后院，对他说："你做得很好，孩子。可是，你看看栅栏上那些洞，它们还能再消失吗？栅栏还能恢复到从前没有钉钉子时的样子吗？再也不能了。现在回过头来再想一想，你生气的时候说的话是不是就像这些钉子一样给别人留下疤痕。如果你拿刀子捅了别人一下，不管你说多少次对不起，那个伤口将永远存在。话语的伤痛就像真实的伤痛一样令人难以承受。"

父亲的教育充满了智慧和耐心，通过让儿子钉钉子，教孩子学会了控制自己的情绪。父母希望儿子将来能成人成才成大事，就需要培养孩子稳定的情绪，让孩子学会控制自己的情绪。

孩子的自控力并非天生，年龄越小，自控力就越差。随着孩子年龄的增加，自控力会逐渐加强，如果父母在生活中加强对孩子这方面的训练，就会让孩子及早学会控制自己的情绪。男孩对自己情绪的控制能力一般较差，时不时地发小脾气是常见的事情。有时不需要特别地加以控制，只要采取视而不见的冷处理办法，孩子的脾气可能很快就烟消云散。所以，只要孩子的脾气不是太过火，对别人不会造成损害，可以随便由他。当孩子发现发脾气没有什么好玩时，脾气可能就会越来越小。

在日常生活、学习中，男孩很容易与别人发生一些矛盾或纠纷，并因此发怒。父母可以引导孩子把心中的不满或意见坦率地讲出来，这既可以帮助孩子泄怒，又可以通过批评与自我批评找到自己的缺点和不足。帮助孩子远离或转移刺激，可以让孩子的情绪慢慢平静下来。另外，给孩子适当的方式进行宣泄，让孩子把怒气发泄出来，也可以缓解孩子内心的冲动。

让男孩学习控制情绪，父母还应尽量让孩子在合理的范围内充分表达情绪。孩子毕竟是孩子，有时情绪表达方式难免会有偏颇，可能会发生不利于自己和他人的情绪过激现象。例如，孩子因发脾气与同伴争吵打架，可能伤着自己和对方，或是脾气上来碰头捶胸，摔砸物品等。发生这种情况时，父母一定要进行严厉制止，让孩子明白发泄情绪也有一定的界限，自己发泄情绪不应该损害物品和别人的利益。

对于大一些的男孩，尽量鼓励他用语言来表达自己的情绪，让他认识到有问题可以讲道理、说缘由，而不应乱闹、乱发脾气。引导孩子学会自我评价，从而提升孩子的自控力。一个自控力低的孩子常常冲动地对待与别人的矛盾与纠纷，而自控力高的孩子却懂得别人为何跟自己闹别扭，下次该如何避免类似事情的发生。帮助孩子掌握自我控制的能力，就会让孩子的童年在欢笑中度过。

父母还要注意培养男孩良好的行为习惯。习惯是长期积累而成的，儿童期是习惯形成的关键期。日常生活中，通过一些小事，训练孩子的耐性，并结合孩子的实际情况，找到培养孩子自控力的好方法。让孩子在自控经验的积累中，养成良好的习惯。

另外，父母要加强自身的修养，克制自己的不良情绪，保持平和的态度、愉快的情绪、开朗的性格及善于控制的能力，给孩子创造一个良好的家庭氛围，帮助孩子形成良好的情感和健康的情绪。生活在整天吵闹，非打即骂的家庭中的孩子也不会有好的情绪。处于冷漠的环境，从小感受不到父爱母爱的孩子，也会缺乏丰富的情感和健康的情绪，甚至会残忍、冷酷。如果家长的情绪不稳定，夫妻之间经常吵闹，也会造成孩子的情绪不稳定，随心所欲，丝毫不顾忌他人情感的变化和需要。

给父母“穷”养男孩的忠告

对于习惯欺负别人、动辄哭闹的男孩，家长可以采取监督、制止的方法加以改变；对于低龄的难以自控的孩子，可以让他自己先待一会儿，等他心平气和时再谈刚刚发生的事情。

让男孩学会善待他人

教育的重要秘诀就是爱，父母给予孩子无私的爱，同时也要让孩子学会奉献爱心，善待他人。父母的言传身教让孩子养成宽容大度的胸怀，使孩子能够接受别人的批评，不计较个人得失。孩子学会换位思考，才能从别人的角度考虑问题。这样做，孩子不仅能感受到快乐，同时也给了自己更大的生活空间与成功的机遇。

善待他人就要学会关爱他人，这是善待他人最重要的一点。他人就是自己的影子，善待他人，就是善待自己，对他人多一分理解和宽容，就是支持和帮助自己。

有个男孩从不知道回声是怎么回事。一次，他独自站在山谷里，大声叫道：“喂！喂！”山谷中立即反射出他的回声：“喂！喂！”他继续叫：“你是谁？”回声传来：“你是谁？”他又尖声大叫："你是个大笨蛋！"立刻又从山谷中传来"你是个大笨蛋"的回声。孩子十分愤怒，对着山谷骂起来，山谷依旧毫不客气地回应他。

男孩怒气冲冲地回到家，向母亲说了这件事。母亲对他说："孩子呀，那是你做得不对。如果你恭恭敬敬地对它说话，它就会和和气气地对待你。"孩子说："那我明天再去那里说些好话。""这就对了。"母亲说，"在生活里，不论男女老幼，你对人家好，人家就会对你好；如果我们自己粗鲁，是绝不会得到人家友善相待的。所以，你一定要记住，只有学会善待他人，人家才会善待你啊！"

这位母亲非常聪明，她用生活中的实例教会了孩子如何待人。当孩子学会善待他人时，就学会了宽以待人，拥有了一颗友善、宽容的心，自然孩子也就懂得容忍他人的错误，宽容他人了。

林肯12岁时，由于家境贫困，不得不中止学业，去做了伐木工人。每次，他都在自己伐倒的木材上刻一个自己名字开头的字母"A"。但是有一天，他发现自己砍伐的木材被人写上了"H"，很显然，有人盗用了自己的劳动成果。

林肯生气极了，他回家对继母说："一定是那个叫亨得尔的家伙干的，我到他们家找他理论去。"

继母看着林肯说："孩子，你先别急，听我给你讲个故事。

"从前有一片大森林，那里有一个人叫斑卜，他以打猎为生，经常在森林中安装捕兽套子。由于他安装的地方是野兽们经常出没的路线，几乎每天都有收获。有一天他又去收套子，却发现套子上只有动物脱落的毛，动物已经被别人取走了。斑卜很生气，于是他

就在纸上画了一张很生气的脸，放在套子上。第二天，他又去收套子，发现套子上有一片大树叶，树叶上画着一个圈，圈子里有房子，房子旁边有一只狂吠的狗。斑卜不知道是什么意思，他想：为什么别人拿走了我的猎物还要画图呢？他觉得应该和这个人见面说说理。于是，他就画了一个正午的太阳，还有两个人站在捕兽套边。第三天中午，他又来到了这里，看到一个印第安人在那里等他。他们彼此语言不通，只能通过打手势来对话。印第安人用手势告诉斑卜：‘这里是我们的地盘，你不可以在这里装套子。’斑卜也打手势说：‘这是我装的套子，你不能拿走我的果实。’两个人的模样都很古怪，相互看得直乐。斑卜想，与其多个敌人，还不如多一个朋友。于是，他就大方地将捕兽套送给那个印第安人了。

“后来有一天，斑卜打猎时遇到了狼群追赶，被迫跳下了悬崖。等到他醒来的时候，他发现自己正躺在印第安人的帐篷里，伤口上还有印第安人给他上的药。此后，他就成了印第安人的好朋友，和他们生活在一起，共同打猎。”

继母讲完故事，微笑着对林肯说：“你说斑卜做得对吗？”

“他做得很好，这样就少了敌人，多了朋友。”

“对呀，孩子，你要学会宽容别人，这样才能使自己的路越走越宽广。要不然，你在社会上就会到处树敌，很难成功的。”

“我知道了，母亲。”林肯很懂事地点点头。

与人为善，就是与自己方便。斑卜没有因为猎物被印第安人拿走而斤斤计较，相反却与他做了朋友。因此，当他遇到危险时，与人为善的他也受到了印第安人的救助。林肯牢记母亲的教导，善待他人、宽厚忍让的美德也为他以后的人生铺平了道路。

生活中就是这样，对别人多一分理解和宽容，其实就是在无形中支持和帮助自己。善待他人是人们在寻求成功的过程中应该遵守的一条基本准则。当今社会是一个需要合作的社会，每个人都不能孤立地存在，人与人之间更是一种互动的关系。只有让男孩学会善待他人、关心他人、理解他人、帮助他人，将来自己才能同样得到别人的理解和宽容，才能处理好人际关系，从而与他人愉快合作。

孟子曰："君子莫大乎与人为善。"那些慷慨付出、不求回报的人，常常更容易获得成功；而那些自私自利、斤斤计较的人，不仅找不到合作伙伴，还有可能被孤立，永远被拒绝在成功的门外。

善待别人也就是善待自己，要想让孩子活得更开心，就要让他宽容地对待所有人。以退为进，也是一种生活的处世策略。学会宽容，一切矛盾和不开心的事情都会变得海阔天空；学会宽容，任何风浪都会变得风平浪静。

给父母"穷"养男孩的忠告

让男孩学会善待他人，要掌握"己所不欲，勿施于人"的原则。引导孩子凡事从对方的角度来考虑，遵循这个原则，他们就会获得更多好朋友、好伙伴。

让男孩学会理解他人

理解是为了宽容，理解一切就是为宽容一切。家长应该让儿子明白，人人都有缺点和不足，只要不是特别过分，就应该理解和宽容他人。让孩子学会以一颗平常心来对待他人，真正理解他人。每个人都有这样或那样的缺点，也会犯这样或那样的错误，只有学会理解别人，才能容忍别人的缺点和错误，才能真正体会到心胸宽广的意义。

一把坚实的大锁挂在大门上，铁杆费了九牛二虎之力，也无法将它撬开。钥匙来了，他瘦小的身子钻进锁孔，只轻轻一转，大锁就啪的一声打开了。铁杆奇怪地问：“为什么我费了那么大力气也打不开，而你却轻而易举地就把它打开了呢？”钥匙说：“因为我最了解他的心。”

在日常生活中，常常会有误会和盲目的现象，每个人所处的环境和角度都不尽相同，所以对同一事物或事件的认知也不同，误会自然成为常态。懂得自己，理解他人，少些误会，多些宽容，设身处地为他人着想，很多事情就好处理了，生活也会更美好。

让男孩宽容、不计较，是让他们理解而不是迁就。学会理解、宽容他人，可以让孩子赢得好心情、好人缘和健康的身心与生活。

教男孩学会理解他人，家长可以从身边的点滴小事做起。

同伴交往是男孩学会处理人际关系的重要途径，鼓励孩子和同伴交往，让孩子学着理解同伴的心理感受。同伴之间处于一种平等的地位，没有权威关系干预，孩子之间的情感更容易产生共鸣。让孩子理解同伴的心理状态，如高兴、害怕、恐惧、生气等，引导孩子想象同伴产生这种心理状态的原因。比如，带孩子玩秋千时，孩子玩了很久都不肯下来，别的小朋友无奈地等在旁边，父母可以问孩子："小朋友玩不成秋千是否高兴？为什么？如果是你在等，心里会怎么想？"引导孩子理解他人。

经常鼓励男孩进行想象，让孩子多说自己的情绪和情感反应。比如，可以对孩子说："当妈妈给你买一辆玩具小汽车时，你高兴吗？如果你不好好吃饭，妈妈不给你买玩具汽车，你高兴吗？为什么？"让孩子想象在假设的情景下，自己会产生什么情绪反应，并说明理由。为孩子理解他人，奠定想象的基础。

在日常生活中，多向男孩谈一些生活感受和看法。比如，爸爸因为工作上的事情不顺而不开心。孩子可能会问妈妈："爸爸是不是不喜欢我了？"或者直接问爸爸："爸爸，你为什么不高兴？"孩子也许还会根据自己的理解解释爸爸不高兴的原因。此时，家长应该帮助孩子进行分析，让孩子在与成人的交往中，学会理解大人的心理状态。

让男孩学会站在他人的立场上来思考问题，即换位思考。美国汽车大王亨利·福特曾说：“如果成功有任何秘诀的话，就是了解对方的观点，并从他的角度和你的角度来看事情。”如果孩子站在对方的立场上，设身处地为对方考虑，生活就会少一些挑剔和不快，与人交往时就会多一分和谐。站在对方的立场上为他人着想，是善良的付出，会结出甜美的果实。

生活在不同环境中的男孩因社会经验的不同，理解别人的能力也存在着差异，父母适当增加孩子的社会经验，不仅可以增进他们对社会的理解，还有利于促进他们理解能力的提高。

给父母“穷”养男孩的忠告

引导男孩学会关心别人，站在别人的角度观察事物，了解对方的观点，体验对方的感受，是帮助他们学会包容、理解他人的最好方法。

教男孩学会谦让

谦让是一种美德，如果每人都不谦让，社会就会变得没有礼仪，没有道德。但是，由于当今很多家庭都是独生子，孩子周围没有兄弟姐妹，家长的宠爱都集中在一个孩子身上，造成男孩缺乏与别人分享食物、玩具的愉快体验，滋生了唯我独尊、独占一切的思想，孩子一般都霸道、野蛮，缺乏节制、谦让的品质。

随着家庭经济收入的普遍提高，很多家长不惜投入巨资用于儿子的智力开发，一切以孩子为先，让儿子得到最优先、最可靠的保证，却忽略了对孩子道德品质的培养。也有些家长总担心孩子吃亏，无论发生什么事都把自己的孩子放在第一位。孩子之间发生了矛盾，父母总感觉自己孩子吃了亏，于是横加指责、训斥别人的孩子，并告诉孩子不再与他玩儿，无形中损害了孩子良好性格与品质的形成。

这种环境下成长的男孩处处以自我为中心，争强好胜，自私自利，不懂得谦让，在交往中常常与他人发生矛盾。卡耐基说：“在人生的道路上能谦让三分，即能天宽地阔，消除一切困难，解除一切纠葛。”

现实生活中，谁也离不开人与人之间的交往，因此父母应该引导男孩从小了解谦让、懂得谦让、学会谦让，让孩子学会与他人和睦相处，快乐交往。只有学会谦让，孩子将来才能和别人进行成功而持久的合作，并最终达到双赢的目的。

一次，壮壮和同学放风筝，两人为争一只喜欢的风筝，闹得不欢而散。另一次，同学们在排队时，壮壮坚持要插队，结果一个男同学坚决反对，气得壮壮号啕大哭。还有一次，奶奶来看壮壮时给他买了一大袋苹果，妈妈洗了几个端上来，让壮壮把最大最红的给奶奶，结果壮壮噘着小嘴不乐意地说：“这苹果不是奶奶买给我的吗，我干吗要把大的给她？”

出现在壮壮身上的问题，可能在很多孩子身上都有。父母要改变孩子的这一不良行为，就要告诉孩子，善待他人，即是善待自己；尊敬别人，就是尊敬自己；为难他人，就是为难自己；互不相让，只会使双方的心灵都受到伤害。这样孩子就能与别人和谐相处了。

然而，如今很多家长却认为，在竞争如此激烈的时代，让孩子对别人谦让岂不是把成功的机会都让给别人了吗？他们觉得，孩子对别人谦让，别人却不一定对孩子谦让，这样孩子不就吃亏了吗？

其实，父母的这种观点是错误的。因为在很多情形下，谦让都是孩子不可缺少的品质，谦让其实与竞争并不冲突，关键是谦让要有底线。孩子平时与其他小朋友有小的摩擦时要谦让大度，但父母同时要教育孩子，对同伴的谦让并不是无原则的忍让。父母在教会孩子谦让的同时要让孩子学会争取。孔融让梨虽然可取，但是孔融让梨是在自己有梨的情况下让梨。所以，父母在对男孩进行谦让教育的时候，要告诉孩子谦让要以不严重损害自身利益为准则。

父母在教育男孩学会谦让的同时，应该让孩子知道，先要争取到自己想要的东西，在公平的情况下，再谈谦让的问题。要教会孩子谦让，并不是只靠一个故事就能让孩子明白的，孩子在按照自己理解的行为准则实行以后发现并不适用，会产生困惑。在这个时候，父母要给孩子解惑，让孩子知道谦让是必须依靠一定的准则去做的。这样孩子才能在不断的困惑与解惑中知道怎样谦让。

对于怎样教孩子学会谦让，专家给出了以下几点建议。

1．改变孩子的自我中心意识。父母要让男孩了解集体与个人的关系。应该让孩子从小懂得，大家生活在一起，他需要的别人同样也需要，同样有享受的权利，不能一人独占，要想着别人。例如：吃东西时，让孩子学会愉快地把大的、好的给爷爷奶奶、爸爸妈妈，把小的、不好的留给自己，使他懂得谁最辛苦谁就应该得到更多，自己不是家庭中的“功臣”。

2．不要过分宠爱孩子。家长的宠爱造成男孩缺乏和别人分享食物、玩具的愉快体验，久而久之便滋长了唯我独尊、独占一切的思想。比如，有的孩子常常会说：“我喜欢的玩具，干吗要给他玩……”这些家庭的骄子不懂谦让，也不会谦让。

3．父母对待孩子一定要公平、公正。多个孩子在一起玩儿时，如果发生摩擦，父母不能一口咬定是大孩子的不对，父母需要耐心帮孩子分析谁对谁错，尽量做到公平。这样小的孩子不会无理取闹，大的孩子也不会觉得委屈，而孩子也会在公平、公正的环境中学会谦让。

4．在日常生活中培养孩子的谦让意识。在日常生活中，父母要有意识地利用各种机会培养男孩的谦让意识。父母可以通过体育运动等实践操练来培养孩子的谦让意识。比如，通过教孩子学习围棋，让孩子体会棋艺高超者的谦让，使他懂得骄兵必败的道理。再如，练习跆拳道也讲究礼仪，也能让孩子懂得谦让。

5．教育孩子谦让要有原则。在教会男孩谦让的同时，父母要告诉孩子谦让要有原则，对同伴的谦让并不是无原则的忍让，谦让不能严重损害自身利益。

在生活中，教育孩子在待人接物时做到谦恭礼让不是一件容易的事，因为孩子之间难免出现碰撞和摩擦，但父母只要坚持正确的方法，培养孩子谦让的行为习惯并非难事。

给父母“穷”养男孩的忠告

现在的孩子大多是独子，他们中很多都不明白谦让的必要性和好处，为此父母一定要教导孩子，谦让不是吃亏，相反越是懂得谦让的人越能够赢得朋友，获得尊重。此外，父母也一定要告诉孩子，谦让不是一味忍让，而要有自己的原则。

让男孩不要斤斤计较

生活中经常可以见到有些男人因为不能克制自己，而引发争吵或打架，甚至流血冲突的情况。有时仅仅因为你踩了我一脚，或一句话说得不当，或因为抢座位，就引爆一场口舌大战，甚至会拳脚相加。这种因小事发生的干戈往往让他们愤怒、冲动，甚至造成难以挽回的后果。尽管男性天生喜欢自由、竞争和冒险，但如果他们没有在小事上斤斤计较，很多争吵和纠纷可能就不存在了。

作为家中独子的男孩大都习惯以自我为中心，不管发生什么事，首先想到的是自己，而不是别人。一旦发现别人做错事，就会抓住不放，如果是自己被人误解，心里就愤愤不平。莎士比亚说：“不要因为您的敌人燃起一把火，您就把自己烧死。”可见，感情

战胜理智时，人就会成为感情的奴隶，只有战胜并控制感情，才能做自己命运的主人。所以，父母应该帮助男孩控制情绪，让他们学会在人际交往中严于律己，宽以待人，不要斤斤计较。

现实生活中，男孩会遇到各种各样的事情。因为缺乏阅历，认识肤浅，他们对问题的处理往往急躁、冲动，不能克制自己，对别人缺乏理解，稍受委屈就大发脾气，怨天尤人。

姚浩是初中一年级的学生，有一天放学骑自行车回家的途中，他和另外一个骑车的同学发生碰撞，两个人大吵起来。回到家后，姚浩心中的怒气仍然未消，和谁说话都气冲冲的，一会儿摔书包，一会儿又拍桌子、跺脚。他的爸爸顿时火冒三丈，大骂道：“你吃饱了撑的！在学校里受了气，回来找我们发泄，你再敢耍脾气试试，看我打不断你的双腿！”

姚浩对爸爸无可奈何，只好把自己关在房间里，但心中的怒气不仅未消，反而增加了。刚才是对同学不满，现在又多了对爸爸的愤怒。

男孩不如意时需要宣泄出内心的不满情绪，有些家长却不能理解孩子，宽容地对待孩子的情绪，动辄就用暴力阻止他们情绪的发泄。男孩在家庭中发泄情绪较为频繁，父母难以忍受，于是造成感情冲突。结果大多是父母的情绪占上风，而孩子的情绪不能发泄出来。父母的这种行为不仅不利于男孩控制情绪，还会造成孩子抑郁纠结，逐渐积累，将来可能会有更猛烈的爆发。

在男孩的成长过程中，难免会遇到各种冲突、不公、诱惑和陷阱。尤其是孩子遭遇不公平待遇、受到委屈时，往往会在心中产生怨言和激动的情绪，这时孩子需要通过一些渠道发泄出来，而在父母面前发泄是最安全、最稳妥的办法。所以，当男孩遭人误解时，父母应该引导孩子宽容地待人待事，帮助孩子宣泄出心中的压抑和愤怒，缓解孩子的情绪；而不是任由他们斤斤计较、难以释怀，甚至怒火中烧，大发脾气。

如果男孩能够做自我情绪的真正主人，学会控制自我、支配情绪，并自觉调节自我的行为，那么他们不仅能够自觉地完成任务，还能抵制不良的行为，把外在的约束力转化为内心的自我控制能力，为将来独立步入社会打下良好基础。

许多人因为被一时的情绪好恶、欲望所支配，而丧失理智和理性，酿成本不该发生的无可挽回的损失。其实，只要心胸宽广些，宽容大度地对事对人，就会发现世界很温暖。大度是福，如果男孩用感恩的心对待每一个人，遗忘那些丑、恨，他们就会收获更多的关怀、友爱和帮助。那么，该如何培养宽容大度的男孩呢？

1．引导男孩正确对待与同伴之间的冲突。对于孩子之间发生的纠纷，特别是自己的儿子吃亏时，父母应该冷静地弄清事情的经过缘由，然后与对方家长或老师协商解决。绝对不能冲动地责骂对方，或是责怪自己的孩子没本事，甚至教唆孩子用拳头去还击。在男孩的人生路上，与人发生摩擦是不可避免的，父母在男孩幼年时处理问题的方法，会给他们留下深刻的印象，并在他们的一生中产生极大的影响。

2．宽容比惩罚更能激发男孩的上进心，父母要宽容大度地对待孩子。宽容并不意味着放纵，或者是无原则地偏袒和迁就，而是在父母把握孩子实际情况的基础上，以一颗宽容的心对待孩子，让孩子自己认识到错误。

有一天，王凯接到妈妈的电话，妈妈说自己要加班，可能很晚才回来，王凯很高兴，立刻跑去网吧玩了两个小时游戏。回家后，发现妈妈已经回来了，他当时很害怕，骗妈妈说是找同学一起做实验去了。妈妈只是摸摸他的头，就让他写作业去了。后来，在爸爸妈妈的谈话中，他才清楚妈妈早就知道他去了网吧，但是她坚持认为儿子是个好孩子，希望自己能够认识错误。那一刻，他觉得妈妈很伟大，他告诫自己一定不要辜负妈妈的期望。

另外，作为父母的夫妻之间，也要表现出宽容大度。如果妈妈对爸爸的一些小毛病不依不饶，吵闹不休，孩子长大后也会斤斤计较，得理不饶人。相反，如果爸爸妈妈对待彼此热情、宽容，在潜移默化的影响下，孩子也会变得大度。

3．帮助男孩学会换个角度思考问题，让孩子把自己置于别人的位置，设身处地站在他人的角度来思考问题。

4．父母不要在男孩的面前以自己的眼光议论其他人的缺点。如果孩子不屑地说“×× 真笨，数学从来没考过 100 分”“×× 偷拿同学的钢笔被发现了，我也不想和他玩儿了”等，父母就应该引起重视，及时纠正孩子的这种错误观点，告诉他们人人都有缺点，人人都有可能犯错误，应该包容别人的缺点，给予别人改正错误的机会。只有这样，孩子才能拥有一颗宽容博大的心。

懂得宽容别人的男孩，不会斤斤计较，更易获得别人的尊重和信任。在与人交往的过程中，如果男孩能够宽容地对待他人，处处为他人着想，就会避免许多不必要的冲突，一切引起吵架的问题也化为乌有。所以，父母平时应该教育男孩礼让为先，抱着宽容大度的心态去看待问题，遇到矛盾学会退一步思考，而不是斤斤计较，让自己和他人都过不去。

给父母“穷”养男孩的忠告

让孩子学会在与别人交往中宽以待人，不斤斤计较，是孩子成长过程中一个必不可少的阶段。当孩子与其他伙伴产生争执的时候，家长要教孩子如何宽以待人，如何融洽同伙伴的关系，并告诉孩子，大度才能获得同龄伙伴的尊敬。同时，家长还应特别注意为孩子创造一个友好、和谐的家庭气氛，通过耳濡目染，在不知不觉中陶冶宽容的品质与性格。

第九章

不管遭遇什么，总能找到快乐

——用乐观点燃男孩的心灯

教男孩坦然面对贫穷

随着社会经济的发展，不可避免地出现了贫富分化现象，穷孩子和富孩子从穿的衣物、吃的食物、玩的玩具到乘坐的交通工具、住的房子，都如同生活在两个世界，这使孩子从小就有了潜在的“阶层意识”。富足孩子的父母可以拿很多礼物来满足孩子的需求，这也是贫穷的孩子所无法获得的。况且孩子从三四岁起彼此就有相当的交流，议论起各自家里的情况更是口无遮拦，毫不避讳。家庭经济条件不好，孩子从小就知道自己穷。这会使他丧失自信心，产生自暴自弃的心理。

诚然，贫穷绝不是一种光荣。“越穷越光荣”的时代，早已一去不复返。但贫穷也不是罪过，幸福的家庭是一样的，不幸的家庭各有各的不幸。只有当父母在苦难中与孩子并肩站在一起的时候，孩子才会感觉到幸福和尊严，他们才能在风起云涌、变幻莫测的生活中自信自强，充实生活的勇气。

一位下岗的父亲为了在儿子面前掩饰窘迫的家境，瞒着儿子到街上卖水果。一次，父亲递给儿子一袋鲜牛奶，儿子说：“讨厌!我伙伴家中的玩具都多得堆成了山，咱们家穷得什么也没有。”父亲又顺手递给儿子2元钱，儿子却说：“人家的爸爸给孩子钱一出手就是50元、100元，你呢？”说着，儿子把父亲给的2元钱撕碎扔在了地上。父亲欲哭无泪。第二天，父亲理直气壮地将水果担子挑到家中，又挑到孩子所在学校门口叫卖。父亲知道，自己这么做不仅伤了自己的尊严，也伤了孩子的尊严。但他还是这样做了，他要让孩子感受到生活的酸甜苦辣，生活是多么不容易!从此以后，父亲给孩子的零花钱明显比以前减了少。除夕晚上，儿子拿出一条围巾说：“爸爸，这是用零花钱买的，你站在大街上太冷了！”面对懂事的孩子，父亲泪如泉涌。

在教育男孩的问题上，父母要让孩子认识到穷本身是一种优越，穷会带来许多优势，是一笔无形的财富，上面例子中的这位父亲就为我们上了生动的一课。

在贫穷的环境中，如果父母能够平静地接受这一切，就会不自觉地感染自己的孩子，让孩子意识到自己的实际情况；如果家长安贫乐道，并且充满自信，孩子也会如此。但当大人把房子和车看得过分重要时，就会扭曲这种价值观念，给孩子带来许多心理问题；如果因为少几个钱就人前人后抬不起头，孩子就会跟着自卑。

如果父母逃避现实，或者用消极、仇视的目光看待社会，会在孩子幼小的心灵中留下负面影响。一些少年犯就是因为幼年时期遭受不公平的待遇，他们的心灵受到巨大的创伤，以致后来报复他人或社会。一些贫穷家庭为了让孩子在群体生活中活得有“面子”，处心积虑地隐瞒真实的家庭情况，甚至忍辱负重，有求必应，无休止地满足孩子的欲望，结果这些孩子总以为“享福”是天经地义的，日渐骄横跋扈，冷漠无情，对家庭没有一丝的责任感。因此，与孩子共同坦然面对贫穷，是现在家长不可缺失的一课。

贫穷家庭的父母要设法让男孩从小就懂得：第一，想要一个东西，父母要付出比别的家长更大的努力才能得到，这样可以教育孩子珍惜眼前的一切；第二，不管怎么样，父母会为你付出一切，会全力支持你，这样可以给孩子以自信；第三，穷是需要坦然接受的现实，但这个现实可以改变，一切要靠自己的努力。这样，虽然孩子觉得自己拥有的物质少，但拥有的感情多。这才是孩子一生快乐的源泉。

给父母“穷”养男孩的忠告

贫穷并不可怕，最可怕的是不敢面对贫穷。男孩极力掩饰家庭的贫穷，甚至装作不贫穷，其实都是心理不健康的表现。而“坦然面对贫穷”则是一种高贵的品质。更重要的是，这种“坦然”必将帮助男孩早日走出贫穷。

培养男孩乐观的心态

乐观是每个人都该拥有的好心态，面对困难时的不同心态是决定成败的关键。任何事情都有其两面性，乐观和悲观两种不同的心态，会产生不同的结果。父母应注意培养男孩乐观的心态，让孩子在将来遭遇不幸或意想不到的困难时，也能勇敢面对并乐观地“享受”其中的滋味。

一对双胞胎兄弟的父亲想对儿子们进行性格改造，因为其中一个过分乐观，而另一个则过分悲观。一天，他买了许多颜色鲜艳的新玩具给悲观的孩子，又把乐观的孩子送进了一间堆满马粪的车房里。

第二天清晨，父亲看到悲观的孩子正泣不成声，便问：“为什么不玩那些新玩具呢？”

孩子悲伤地说：“玩了就会坏的。”

父亲叹叹气，走进车房，却发现乐观的孩子兴高采烈地正在找着什么。

父亲好奇地问：“你在做什么呢？”

“告诉你，爸爸！”乐观的孩子得意扬扬地向父亲宣称，“我想马粪堆里一定还藏着一匹小马呢！”

父亲给两个孩子每人半瓶饮料。悲观的孩子没有喝，因为他看到只剩下半瓶饮料了。乐观的孩子拿起来高兴地说：“太好了，还有半瓶呢！”

面对困境时的心态决定了成功或失败两种不同的结果。乐观的孩子在马粪堆中找出希望，悲观的孩子对着很多新玩具却只有焦虑。在相同的情形下，乐观的孩子看到半瓶饮料的感觉是高兴——“还有呢”，悲观的孩子看到半瓶饮料的感觉却是失望——“只剩半瓶了”。由此可见，乐观的心态有助于改变现状，摆脱困境；悲观的心态于事无补，使结果更加恶化。在困难和挫折面前，只有以乐观的心态分析问题，运用自己的智慧，采取行动来改变现实，才是真正明智的做法。

美国总统林肯终其一生都在面对挫败，8 次竞选落败，两次经商失败，甚至还精神崩溃过一次。每次他都以乐观的心态坚持下来，没有放弃。1860 年，林肯当选为美国总统。在竞选参议员落败后，他对自己说：“此路艰辛而泥泞。我一只脚滑了一下，另一只脚也因而站不稳，但我缓口气，告诉自己，这不过是滑一跤，并不是死去而爬不起来。”

体操运动员桑兰，在进行跳马比赛前的热身时，意外从高空栽到地上，不幸瘫痪，但她以“桑兰式微笑”征服了无数人，并在轮

椅上创造了一个又一个人生奇迹。她在坚持康复训练的同时，还在进修着学业，做星空卫视《桑兰 2008》节目的主持，为多家媒体写体育评述的专栏。2008 年奥运会，她用自己的手完成了奥运火炬在北京的传递活动。命运多舛没有让她低头，面对人生的境遇，乐观顽强的桑兰坚定地开辟着新的人生道路，用行动和事迹感染着世界，感染着每个人。

乐观是心胸豁达的表现，乐观的人能够应付人生路上的险境，掌握自己的命运。当年，德国总理科尔问起 80 岁高龄的邓小平长寿的秘诀是什么，邓小平说："天塌下来，我也不怕，因为有高个子顶着。"乐观的人能够在困难来临时，迅速作出积极的反应，找出解决的办法。乐观的人能激发希望，乐观主义是一种积极的生活状态。

乐观是人生路上永远携带的加油站，但乐观也不是天生就有。乐观是一种阳光向上的心态，它需要父母对孩子进行培养，并给予精神上的支持。

1．父母不要压抑男孩的快乐。人的本性中就有快乐的成分，快乐是一种基本的情绪。新生儿在2个月左右，就有了社会性的微笑。对于孩子的想法、兴趣和爱好，家长不要管得太多，以免压抑孩子的天性。尤其是在学龄前，应尽量给孩子一个自由成长的空间。

2．对男孩不要感情冷淡。尽管比起女孩来，男孩的心理很简单，但这并不代表男孩不需要爱和关怀。从小没有感情体验和感情依恋的男孩，长大后也不会对别人施予爱和同情。因为性格冷漠，他很少能体验快乐，更难以与人相处，当然也不会具有乐观的精神。无论工作有多忙，父母都要抽出一些时间陪陪孩子，让孩子感受到父母的爱；而不是把孩子完全交给祖父母和保姆，或是干脆把教育孩子的责任推给老师。

3．快乐来源于成就，孩子通过完成有意义的活动，或是自己的努力创造，就能感受到成功的快乐。在成功的快乐中，孩子还体验到了力量和信心，有助于他对自己的肯定。让孩子多参加各类活动，通过在活动中的学习和实践，建立起对社会、对人的信心，学会宽容和忍耐。

4．养育孩子的过程也是父母不断充实完善的过程，快乐的父母会造就快乐的孩子。父母不仅要以身作则，对待任何事情都表现出乐观的心态，营造快乐的气氛，还要拥有一颗真正乐观豁达的心。父母乐观处事的表现是孩子学习的最好教科书。

5．引导男孩保持一颗平常心。平静的心态下，孩子可以坦然面对成功与失败、痛苦与幸福。拥有平常心并不是消极地对待世事，而是让孩子以平常的心态多接触各类事物。见多识广，心胸自然就开阔，悲观思想便不容易产生了。

给父母“穷”养男孩的忠告

华盛顿曾说过：“一切的和谐与平衡，健康与健美，成功与幸福，都是由乐观与希望的向上心理产生与造成的。”男孩如果在漫长的生活中形成对事物的乐观态度，他的成长就会更顺利些。只要家长从小培养男孩乐观的心态，那么孩子以后也会具备乐观的品质。千万不要把悲观的情绪灌输给孩子，要让孩子知道自己生活的世界是多么的美好。

擦去孩子心灵的尘垢

感受孩子纯真的童心，让情感在无障碍通道中流淌；走进孩子的心灵，让教育如丁香般悄悄绽放。孩子的心灵是一片肥沃的土壤，播下什么种子，就会开出什么花，结出什么果。为孩子点亮一盏希望的心灯，擦去他们心灵上的尘垢，孩子追求成功的渴望就不会熄灭。

一次8.2级的地震几乎铲平了一座城市，在不到4分钟的时间里，3万多人因此丧生。有位父亲安置好妻子后，立刻赶往儿子就读的学校，但触目所及的却是被夷为平地的校园。

看着这令人痛心的一幕，他想起自己曾经对儿子的承诺：“不论发生什么事，我都会在你身边。”父亲一下子热泪盈眶，在令人绝望的瓦砾堆前，父亲的脑中回响着他对儿子的诺言。

他开始努力回想儿子每天上学的必经之路，终于记起儿子所在班级教室的位置。他跑过去，开始在瓦砾堆中挖掘搜寻儿子。

这时，其他学生的家长也赶到现场，悲伤地喊叫着：“我的孩子呀！……我的孩子呀！”有些好心人试着把这位父亲劝离现场，告诉他：“一切都太迟了！”“无济于事的！”“算了吧！”……面对种种劝告，这位父亲只有一句话：“你们要帮助我吗？”然后继续进行挖掘工作，寻找被掩埋的儿子。

随后，消防队队长赶来了，也试着劝走这位父亲：“火灾频发，到处都有可能发生爆炸，你留在这里太危险了，这边的事我们会处理，你快点儿回家吧！”这位父亲依然只回答一句话：“你们要帮助我吗？”

警察赶到现场后，也劝说父亲离开。他依旧回答：“你们要帮助我吗？”然而，却没有一个人愿意帮助他做徒劳的努力。

为了明确心爱的儿子是生是死，父亲独自一人继续进行他的工作。时间一分一秒地流逝，挖掘的工作持续了38个小时之后，父亲推开了一块大石头，突然听到了儿子的声音。父亲大声喊：“儿子！”他听到了回音：“爸爸吗？是我，爸爸，我告诉其他同学说，如果你活着，你会来救我的。如果我获救了，他们也就获救了。你答应过我的，不论发生什么事，你都会在我身边，你做到了，爸爸！”

“你那里的情况怎样？”父亲问。

“我们这儿有33个人，其中只有14人还活着。爸爸，我们好害怕，又渴又饿，谢天谢地，你在这儿。”

“快出来吧！儿子！”

“不，爸爸，让其他同学先出去吧！因为我知道你会来接我的！不管发生什么事，我知道你都会在我身边！”

父亲曾经的承诺，带给了儿子活下去的希望，他不但鼓励自己等着爸爸来救援，也鼓励活着的同学一起坚持。孩子的心地纯洁，对父母的话往往深信不疑。孩子越小，给他们一些正面的暗示，越有利于激发他们的期待意识，并转化为促使他们进取的信念。在成长的过程中，如果孩子常常受到希望的鼓舞，他们就会充满信心地去进取，就会品尝到成功的滋味。

一位年老的盲人琴师，琴艺高超，远近闻名。他带着一个盲童，以弹唱为生，四处漂泊。他每弹断一根琴弦，就会在琴体上认真地刻下一道。终于有一天，老琴师弹断了第一百根琴弦，他泪流满面地刻下了第一百道。原来他的师傅在临终前曾叮嘱过他：当他弹断第一百根琴弦，刻到第一百道的时候，便可以打开遗嘱，按照遗嘱中的药方到药店去买药，用药后就会双目复明。

他带着盲童迫不及待地找到了药店。出乎意料的是，药店的伙计看过后告诉他："遗嘱中一个字也没有，只是一张白纸。"老琴师惊呆了，他几乎不敢相信自己的耳朵。尽管他明白了自己师傅的一片苦心，可是那根支撑着生命的精神支柱却彻底崩溃了。不久，老琴师便去世了。

老琴师去世前，用盲文在那张原来无字的遗嘱上给盲童写下了自己的遗嘱："我的生命可以告诉你，要战胜客观环境，首先要战胜自己。人的生命不仅需要物质力量的支持，更需要精神力量的支撑。"

光阴似箭，当年的盲童已是一位技艺更加高超、名声更加显赫的老者。他在珍藏了数十年的遗嘱上又用盲文补充道："希望、信念和目标引导着光明和生存，绝望和颓废引导着黑暗和死亡。"

老琴师怀着师傅留给自己复明的希望，度过了有追求的一生，这个希望成为他生存的寄托，化为他心中的一盏明灯，照亮了他前进的方向。当这盏明灯突然间熄灭后，老琴师生存的希望就化为泡影，生命便不复存在。可见，希望是每个人的心灯，它照亮了前程，指引了前进的方向。希望是孩子心灵的翅膀，孩子借助它展翅翱翔，理想一旦消亡，生命就像贫瘠的荒野，雪覆冰封，万物不再生长。

孩子的心是真挚的，需要父母慈爱的关怀；孩子的心是细腻的，需要明亮的心灯；孩子的心是五彩的，需要得到心灵的释放。父母教育男孩，应该走入孩子的世界，体会孩子内心的感受，多一些微笑、理解、宽容、尊重、耐心和等待；走进孩子的心灵，和他们一起感受喜怒哀乐。

给父母“穷”养男孩的忠告

当男孩长期在不良的生活环境中熏陶，他的思想就会变得低迷、颓废、悲观厌世，这不仅会让孩子对这个家庭失去信心，甚至对孩子的成长和未来都会造成无法补救的后果。父母需要做的是创造宽松的家庭环境，点燃孩子的希望，擦亮孩子的心灯，让他们明确努力的方向，拥有前进的动力，看到前方艳丽的鲜花、成功的硕果，只有这样他们才会独立自主地迈开大步向前方。

正确引导男孩的好胜心

男孩天性好胜好强，在好胜心的激发之下，往往表现出前所未有的热情，使得注意力集中到一个“焦点”之上。家长应及时抓住孩子关注的兴奋点，进行科学的引导，让孩子的好胜心转化为孩子健康全面发展的动力。

好胜心是指敢于竞争、力求取胜、积极向上的心理品质，它是孩子前进的动力。拿破仑说过：“不想当元帅的士兵不是好士兵。”可见，孩子有好胜心是一件好事。男孩天生就有好胜心理，希望自己是优秀的，健康的好胜心理和竞争心理可以促进孩子全面健康地发展，让孩子更优秀。

汤姆一直被铁匠的儿子班尼视为竞争对象，因为汤姆的成绩在班里遥遥领先。

汤姆对这件事本来一直都不在意，直到有一次他在体育课上长跑输给了班尼，还被班尼和其他孩子奚落，汤姆才愤怒了，冲上去和班尼打到一起。但是班尼个子比他高，力气比他大，汤姆反而被推倒在地。

父亲了解了事情的整个过程后，对汤姆说：“孩子，你输给班尼是很自然的，”他安慰汤姆，“但这并不是你的错，而是我没有加强你平时的体育锻炼……现在弥补还来得及，你愿意吗？你还想赢他吗？”

“想！”汤姆擦干脸上的泪水，精神振作起来。

第二天，汤姆开始了锻炼，他要超越自己，在跑步上胜过班尼。

第二个学期的长跑比赛中，班尼和汤姆并列第一，汤姆对这个结果感到很满足。

好胜心带给汤姆竞争的动力，父亲通过引导儿子加强锻炼，激发汤姆发挥出自己的潜力，最终在比赛中赶上了班尼，这表明了好胜心的积极作用。有了好胜心，孩子就会不断地调整自己的竞技状态，以保持领先竞争对手的绝对优势，并在不断调整过程中取得进步。同时，在好胜心驱动下的竞争，也促进了孩子的全面进步和全面发展，让他变得更加优秀。所以，父母应当注意培养男孩的好胜心，让孩子能以饱满的热情和积极进取的姿态处理各种事情。

男孩的好胜心需要父母的正确引导，才能成为正常的、健康的、有利于孩子全面发展的动力。

首先，家长应该正确对待男孩的好胜心，切忌一味满足孩子的好胜心或是压制孩子的好胜心。如果家长不管任何场合，一味迁就满足孩子的好胜心，投其所好，为了孩子开心让他轻而易举地获得胜利，就丧失了锻炼孩子意志和开动脑筋的机会，起不到对孩子的促进作用，还会助长孩子唯我独尊、过分自负的不良心理。如果家长仅从自己的标准出发，不考虑孩子的实际水平，对孩子提出过高的要求，让他过多地感受失败的滋味，就会压制孩子的自信心和好胜心，让孩子怀疑自己的能力和力量，形成胆怯、退缩的性格，甚至会放弃与人竞争的愿望和机会。

其次，家长应该合理地调适男孩的好胜心，帮助孩子克服盲目好胜和盲目悲观的情绪，让好胜心在孩子的成长及成才过程中发挥积极的作用。

家长必须让孩子明白，努力学习是获胜的基础。要想在竞争中获胜，必须通过努力学习，掌握比别人更过硬的本领。对于能力较弱的孩子，家长可以耐心引导，鼓励孩子多学多练，及时肯定孩子的点滴进步，让他们体会到成功的喜悦，培养他们的自信心。

家长在培养和引导男孩的好胜心时，特别要注意避免孩子产生妒忌心理，告诉孩子把不伤害他人作为求胜的准则。家长不要经常拿自己孩子的长处与别人孩子的短处相比，以出人头地压倒别人为快乐。引导孩子远离消极的、不与人为善的暗示和态度；避免孩子产生嫉妒心和冷酷的性格；避免孩子心胸狭窄，容不得别人超过自己，甚至为了获胜而采取报复或伤害他人的手段。在鼓励孩子不甘落后的同时，家长应注意培养孩子对他人的爱心和友情，善于发现并学习他人身上的长处，在充分挖掘自身潜力的基础上参与竞争。

当男孩遇到挫折而沮丧、焦虑、自卑甚至哭鼻子时，教育的重点不在于怎样保护孩子今后不受挫折，而在于如何提高孩子抗挫折的能力。在日常生活中，家长应有意识地培养孩子做事的目的性和持久性，引导孩子通过克服困难来锻炼意志。

最后，竞争取得胜利的关键在于实力，提高实力的关键是超越自我。孩子要提高自己就得向别人学习，通过横向比较，发现自身的优势和不足，最后进行自我改变、自我超越。无法超越自我的男孩也无法超越别人，超越自我是超越别人的前提，超越别人只不过是超越自我的一种自然结果，是副产品。有些家长把超越自我和超越别人的关系颠倒了，他们总是进行横向比较，却忽视孩子相对于自己的进步。时间久了，孩子可能会形成眼睛盯着别人位置的不正常的“排队心理”，从而滑向嫉妒的泥坑。

另外，家长应该让男孩明白，好胜主要是对事而不对人。所谓“胜”也只是说明某一件事比别人做得好，并不是说整个人比别人高一等。如别人的体育差，但钢琴可能弹得好。尺有所短，寸有所长。所谓的胜负只是对事而不对人，每个人都是平等的。这样的“好胜”和“竞争”就比较健康，不会造成孩子的妄自尊大或自卑。如果紧紧抓住孩子的考试成绩，非要分出“优等生”和“差等生”，竞争的结果就会导致孩子把注意力从学习的比赛转移到位置的竞争上去，造成孩子的嫉妒心理。

任何竞赛都有胜负输赢，真正好胜的男孩，能够正确面对现实，不怕失败，勇于承认并接受失败的现实。所以，孩子失败后，家长不应责备讥笑孩子，而是引导他们从竞争中发现自己的进步和长处，帮助他们走出失败的阴影，让孩子懂得竞争不仅是展示自己的力量，更是检验自己的不足，以取得更大的进步。

给父母“穷”养男孩的忠告

由于天性使然，男孩的好胜心要比女孩的更强一些。其实，男孩拥有好胜心是好事，在好胜心的激发之下，孩子往往可以表现出前所未有的热情，做起事情来更容易获得成功。但是，好胜心不能过强或者没有方向，如果走错了方向，就会适得其反。因此，家长应及时抓住孩子关注的兴奋点，进行科学的引导，让孩子的好胜心转化为孩子健康全面发展的动力。

赶走抑郁，做个快乐的大男孩

随着社会竞争的日益激烈，处于学龄期的青少年除了要承受学习的压力，还要承受来自社会方方面面的压力，因此青少年患心理疾患的病例显著增多。研究发现，我国青少年患抑郁症的人数正以8%～10%的速度递增。而且，很多人对抑郁的认识仍然模糊不清，一些抑郁症患者甚至不知道自己是生病。老师、家长也把患者的病理状态当成思想问题，进行轮番说服开导，结果越教育越严重。因此，家长应该注重孩子的心理问题，帮助孩子赶走抑郁，做一个快乐阳光的大男孩。

在青少年时期，孩子的身体发育急剧变化，但他们阅历浅，知识和经验不足，认识、理解、思维能力仍远远落后于成年人。这种生理发育与心理发展的不平衡造成青少年出现许多困惑、烦恼和躁动不安，容易产生心理问题。另外，由于升学的压力，学校和老师不得不使出浑身解数，打造高分学生，分数成为评价学生能力高低的唯一标准。学生情感的苦恼得不到释放和解脱，长期下来，就会造成心理压力，形成心理障碍。

鹏鹏10岁，近3个月来烦躁易怒，和同学关系不好，还常常哭，自认为很笨，上课时注意力不集中，最近小考成绩也略有下降。鹏鹏对参加活动缺乏兴趣，在家也经常发脾气，掀桌子摔碗，不好好吃饭，睡觉时常说梦话，还早醒。鹏鹏父母斟酌之后，带他来到安定医院儿科。医生确诊鹏鹏患有抑郁症，父母不禁疑惑:“这么小的孩子也会患抑郁症吗？”

医生告诉鹏鹏的父母，儿童也会患有抑郁症。儿童的心理和心智发育不成熟，面对新环境常常会产生不知所措的心理压力，如果得不到及时引导，就会积累成心理疾患。医生建议父母学做孩子最好的心理医生，因为家长更熟悉、了解自己的孩子，比起专业的医生，有与孩子相处的时间优势。发现孩子患病后，家长要尽量给孩子创造一个宽松和谐的成长环境。利用生活中的细节琐事，培养孩子的适应力，帮助孩子充分了解自己，恰当地估计自己的能力。

心理学家经研究发现，如果父母中有一人患有抑郁症，子女得病的概率为25%；若双亲都是抑郁症病人，子女患病率提高到50%～75%；但更多的还是由于后天原因造成的。

抑郁症以情绪抑郁为主要表现，是一种不愉快、悲伤、痛苦的体验。患者常常会失去往日的兴趣和欢乐，言语和活动减少，总觉得没劲，高兴不起来，严重者有自杀念头，甚至采取自伤和自杀行为。同时表现为食欲下降，体重减轻，经常哭，不愿意接受安抚，还可能出现睡眠不安或尿床。但是孩子抑郁症的表现与成人有明显不同，家长不能照搬成人模式，在孩子身上套用。

有的孩子因为学习负担过重，导致心理压力过大，患上抑郁症。一些家长望子成龙，对孩子的生活大包大揽，极尽“关心”；对学习极其“重视”，密切关注孩子的学习成绩。孩子的分数稍有浮动，就当作大事来抓，导致孩子厌学，甚至想逃离学校和家庭。

有的孩子患抑郁症和家庭的不幸有关。中小学生是未成年人，生活直接建立在父母的抚养关爱之上。家庭突然发生的意外，会让孩子跌进深渊，茫然无措，且无力摆脱。

有的孩子意志薄弱、优柔寡断。在困难面前表现为消极退缩，逆来顺受，经历的失败多了，就容易产生自卑心理，形成抑郁情绪。

需要注意的是，每个人都会有心情不好、郁闷的时候，但不是所有的抑郁都是抑郁症。不良情绪和坏心情可能持续数小时、数天，几天后会自行消失，但不影响学习、生活和人际交往，这种情况就不是抑郁症。如果典型抑郁症状持续两周以上，严重影响日常生活和人际交往，才可能是患上了抑郁症。

科学研究发现：运动能加强新陈代谢，疏泄负面心理能量，能防止抑郁症的发作。运动有助于增强体质，产生积极的心理感受，能较快地提高情绪，消除抑郁症的一系列症状。因此，家长应该根据孩子的具体情况，选择科学适宜的锻炼方法，让孩子多做运动，预防、减少抑郁症的发生。

下面几项运动在防治青少年抑郁症中具有普遍的作用。

1. 散步。它能改善心肺功能，提高摄氧效果。初次锻炼每天步行 1500 米，争取在 15 分钟内走完；以后逐渐增加距离，直到 45 分钟走完 4500 米。

2. 跳绳。它能增加身体的协调性，头部的上下快速移动可以有效加强前庭功能，产生良好的心理感受，提高自信心。速度保持在 30～60 次 / 分钟，隔天一次，每次持续 10 分钟。

3. 跑步。跑步时大脑分泌的内啡肽是一种类似于吗啡功能的生化物质，是天然的止痛剂，它能让人感觉轻松快乐，对减轻心理压力具有独特的作用。傍晚跑步比较适宜，速度为 120 步 / 分钟，每周至少 3 次，每次持续 15 分钟。

4. 健身操。做操能在动感的音乐声中，让肢体得到尽情的舒展，注意力得到加强。每周3次，每次持续20分钟。

5. 集体运动。如传球活动、足球运动或体育游戏等。集体运动要求团体合作性，对提高抑郁症患者的人际关系有重要的意义。另外，带有一定的竞争性、情节性、趣味性的集体运动，能提高孩子的情绪，培养他们活泼愉快、开朗合群的个性，以及团结互助、勇敢顽强、机智果断的心理品质，让孩子身心得到健康发展。建议每周至少参加一次集体运动，每次持续时间 30 分钟。

美国杜克大学医学中心的研究证明，每周运动 3 次能够有效防治抑郁症，而且复发率很低。在日常生活中，家长可以根据孩子的身体状况，选择以上一个或多个项目，和孩子一起坚持锻炼。但要注意：防治抑郁症以有氧运动为主，不适宜做大强度的剧烈运动，如发现明显的身体和心理不适，应该同时进行心理和药物治疗。

给父母“穷”养男孩的忠告

家庭应该是孩子娱乐放松、宣泄减压、调适心理的“心灵港湾”，父母也应该是孩子最好的心理咨询师，是让孩子远离抑郁最好的医生。因此，父母应该认识到孩子生活中存在的压力，耐心地和他们一起分析解决这些问题。父母对孩子的学习要求应该适当，尽量给孩子一些自己的时间和空间，鼓励孩子参加各种业余活动，发展广泛的兴趣爱好。这是战胜抑郁的有效方式。

培养男孩的幽默感

幽默是一种人生的态度，也是一种生存的技巧，它是人类面对共同的生活困境而创造出来的一种文明。幽默能让人产生对抗周围不如意境况的力量，能使人心情放松，减轻压力。幽默以愉悦的表达方式表达了人的真诚，它拉近了人与人之间的距离，弥补了人与人之间的鸿沟，是人奋发向上或与人相处时不可缺少的东西，也是一个人具有不凡风度与教养的标志。

具有幽默感的人，通常在生活满意度、生产效率、创造力以及学习工作士气等方面都胜过那些没有幽默感的人。培养男孩的幽默感，不仅能让孩子感受到自己的力量，还会让孩子拥有独自应付任何困难的力量。莎士比亚说：“幽默和风趣是智慧的闪光。幽默集中体现了一个人智慧、教养和道德优越感的高度。”

有一天，德国大诗人歌德在公园散步。在一条只能通过一个人的狭窄小路上，他遇到了一位反对他的作品，并提过尖锐意见的批评家。

批评家傲慢地说：“你知道吗？我这个人从来不给傻瓜让路！”

“而我则恰恰相反！”歌德边说边微笑着让在一旁。

本来批评家暗骂歌德是傻瓜，结果反而被歌德当成了傻瓜。可见，幽默不但可以让人摆脱尴尬的情境，还能让人收获轻松快乐的人生，它创造了心灵的欢乐和精神的享受。幽默的男孩通常很乐观，不断地制造欢笑，让周围的人感到轻松愉快，也让自己富有成就感和自信。

爱迪生尝试改良灯泡使用的灯丝，做了1200次实验都失败了。一个商人讽刺他是个毫无成就的人，爱迪生哈哈大笑说：“我已经有很大的成就，我证明了1200种材料不适合做灯丝。”爱迪生的幽默如实地表明自己的努力没有白费。

丘吉尔担任英国首相期间，一次，他的政治对手阿斯特夫人对他说：“如果我是您夫人，我一定会在您的咖啡里放进毒药。”丘吉尔听了，笑着说：“如果我是您丈夫，我一定会把这杯咖啡喝下去。”丘吉尔幽默地告诉对方如果假设成立，自己早就自杀，给予对手有力的反击。可见，幽默也是一种力量。

在美国，人们视幽默为一种可贵的品质，许多美国家长认为培养孩子的幽默感也是素质教育的一部分。美国的一些企业通过实验证明，幽默能够改善生产力，提升士气，有助于团队合作。某企业参加过幽默训练的20位中级主管，在9个月内生产量增加了15%，病假次数减少了一半。

幽默的人一定是个内心充满优越感的人。内心脆弱而枯萎的人极力想表现幽默，终究也会流于诙谐或滑稽。培养男孩的幽默感，可以帮助孩子拥有明朗、健康、向上、快乐的心情，让他们在人生路上充满阳光。孩子的幽默性格一旦形成，将是他一生中取之不尽的财富。具有幽默感的孩子性格开朗活泼，容易受到老师同学的喜欢，人际关系也会和谐融洽。幽默还能帮助孩子更好地应对生活和学习中的压力与痛苦，让孩子拥有一个乐天、愉悦的人生。

俄国文学家契诃夫说过：“不懂得开玩笑的人，是没有希望的人。”在现实生活中，幽默可以淡化人的消极情绪，消除沮丧与痛苦，舒缓紧张气氛，还会带来喜悦和希望。随着时代的发展，很多家长注意加强对孩子幽默感的培养。幽默与天生的性格有关，但也可以后天培养。

1. 让男孩多看幽默轻松的故事。幽默有趣的小故事不仅能使孩子在轻松愉快的氛围中喜欢上阅读，还能潜移默化地培养孩子的幽默感。另外，很多儿童文学作品中的主人公都是乐天派，虽然遇到各种各样的困难，但他们总能化险为夷，继续乐观地对待人生。故事里主人公的乐观精神，也会让孩子对乐观的情绪产生向往、学习和模仿的兴趣。

2. 引导男孩乐观宽容地面对各种事情。乐观、宽容是幽默的精髓，要学会幽默，就要学会乐观，学会宽容豁达，克服斤斤计较的狭隘思想。培养孩子的乐观心态，最重要的是在孩子遇到困难时，父母及时给予孩子积极的鼓励和支持，帮助孩子积极进取。只有这样，孩子才能学会以正确的态度和措施保持乐观。

3. 适当的自嘲也是幽默。真正幽默的人不怕被嘲笑，而且善于自嘲，并且这种自嘲是建立在自信的基础之上的。

4. 热爱生活，用心去感悟生活。生活处处有幽默，只是缺乏发现幽默的眼睛。引导男孩用心观察、感悟生活，培养孩子对事物的洞察力。用自己的视角去看世界，不因循守旧，是提高幽默感的一个重要方面。只有迅速地抓住事物的本质，才能运用恰当的比喻、诙谐的语言，制造出让人轻松愉快的小幽默。

多鼓励男孩讲讲有趣的事。孩子对发生在自己身边的事情，很有表达的欲望。家长应该认真倾听孩子的话语，感受孩子的快乐，并发出会心的欢笑。如果孩子有足够的幽默感，家长还可以引导他们编一些幽默故事，对课本、电影或电视剧进行改编，或是给它们添加一个令人捧腹的结局。

另外，父母应该具有幽默感。孩子是父母生命的延续，是父母最真实的镜子，潜移默化中，父母的许多特点在孩子身上都会得到再现。所以，培养孩子的幽默感，父母首先要看看自己是否也需要培养幽默感，最起码要学会欣赏幽默。

但是，培养孩子的幽默感是一个过程，不是结果，切忌操之过急。让孩子们在学习幽默的过程中，学会用心去感悟生活。乐观、宽容地面对生活，才是最重要的。

给父母“穷”养男孩的忠告

幽默感对男孩来说也是一种培养自信和活泼性格的方式，每位家长都希望自己的孩子是个“活宝”吧？因此，父母要常为男孩创造轻松的氛围，让孩子多一些发自内心的笑声。这不仅仅是他童年的愉快体验，更是形成美好人格的必要因素。教会孩子幽默，也就教会了他快乐的本领和与人相处的能力。

营造快乐和谐的家庭氛围

健康、和谐、融洽的家庭关系是孩子身心健康发展必不可少的条件。孩子在这样的家庭氛围中，才会感到快乐，才能积极向上，才会形成乐观的心态。

家庭的气氛、家庭成员之间的关系，很大程度上会影响孩子性格的形成。孩子在牙牙学语之前，尽管无法用语言来表达，但已经能感觉到周围的情绪和氛围。家庭中和谐快乐，充满欢笑和温馨，孩子也会受影响成为一个快乐的人。如果家庭成员之间经常发生矛盾，在这种氛围中孩子只会感到惊恐和不安。因此，父母应该为孩子建立快乐、和谐、平等的家庭氛围，让孩子在充分的安全感和信任感中快乐成长。

林杨就读于剑桥大学的三一学院，这里录取的都是来自世界各地具有良好家庭教育背景、具备较高综合素质的学生。在这样一个历史悠久、人文底蕴丰富的环境中学习，父母为他感到高兴。

林杨的成长轨迹离不开父母对他的影响，父母不断地学习新的东西，寻求新的方向，不满足不放弃，这也成了林杨的生活理念。

学习是父母的一种生活方式，进而也成了三口之家的生活方式：生活学习化，学习生活化。一家三口在互相了解、接纳、支持和欣赏中，在情感的满足和开放中，提高着知识的含量，不断扩展着人生的目标和意义。在家里，在学校，在单位，在社会，在各种地方学习新的事物、新的理念，无形之中，每个人都成了积极的学习者，同时也是仿效者。

在日常生活中，妈妈总会让林杨看到工作带给她的愉悦和活力，她从来不在孩子面前抱怨工作的压力和烦躁。爸爸是个乐天派，不管工作中承受多大的压力，回家后也不会愁眉苦脸，而是用他的开朗、幽默和乐观，创造和谐的家庭氛围。林杨从父母身上看到的是：人生就是在不断地学习和忘我的工作中，获取幸福和快乐。不抱怨、不懒惰、不投机……人的智慧是在不断地学习中锻炼出来的。

在家庭生活中，除了学习、读书、看报和娱乐，林杨更多的是在生活中学习。父母为他创造了安全、温暖、充满关爱和理解的心理环境，创造了易于沟通的气氛。父母一旦领悟到什么事情，绝对不会用权威的教育语气来告诉孩子。当父母的观点与儿子发生冲突时，父母首先是反省自己，然后和儿子进行切磋，共同寻找解决的途径和办法。

如今，林杨进入了一个新的环境，接触了一种新的文化，在这样的一种氛围中，学习着更多有益的东西。从身边的那些诺贝尔奖得主身上，从世界顶级的科学家身上，他体会到了什么是真正的科学精神。

人是环境之子，在一个学习型家庭中，孩子也会养成学习的习惯，也更能为适应社会需求而去塑造各种素质。林杨的父母不仅带动了家庭中的学习风气，还给孩子提供了一个最适合学习的非竞争性、非威胁性、低权威的环境，让孩子在民主、平等的气氛中汲取知识的营养，茁壮成长。

父母对成长中的孩子影响深远，孩子的知识、能力、智慧大多源于父母；孩子的性格、品德、作风和倾向，也是在父母的影响下形成的。有什么样的父母，什么的家庭环境，什么样的家庭气氛，就会塑造出什么样的孩子。

幼儿园里有一个名叫威威的小男孩，暴力倾向十分明显。小朋友一起游戏时，大家都必须按照他的意愿活动，稍不如意他就会对别人拳脚相加。他看好的玩具别人就不能动，如果动一下，他的拳头马上就跟来了。每天都会有几位小朋友受到他的攻击，老师用了很多教育方法都没有明显的效果。后来，老师通过威威知道，他的爸爸每天回家都很晚，还会打妈妈。家中的暴力事件逐渐让威威习以为常，并且自身也有了很强的攻击性倾向。

通过威威的事例不难发现，家庭成员之间相互尊重、理解、信任和关心，是教育孩子的基本条件，互敬互爱、互谅互让的家庭气氛至关重要。父母的言行对孩子有着潜移默化的影响，因此父母之间发生矛盾时，应该妥善处理，双方应心平气和地讲道理，而不是当着孩子大吵大闹，拳脚相加，用粗暴的方式解决问题。否则，在这种家庭氛围的耳濡目染之下，孩子也会养成用暴力方式解决问题的习惯。

快乐和谐的家庭氛围为孩子的健康成长提供了必要的条件。生活在快乐氛围中的孩子体验着幸福和爱，各种需求能够及时得到满足，各种生理机能也会处于最佳状态。调查发现，受人欢迎的孩子多来自和谐温暖的家庭。孩子从出生到长大成人，接触最多的大人就是家长。如果家长讲究民主，不过高要求孩子，不过分限制惩罚，孩子就容易成为乐观、自信、与人友好相处的人。如果家长缺乏关心和爱护，总找借口拒绝孩子的要求，孩子就没有安全感，潜意识里也会仿效父母，用父母对待自己的方式去对待别人。这样的孩子容易被惹恼、攻击性强，不会热情诚恳地待人，也不愿意遵守社会规范，缺乏自我控制能力和社会适应能力，长大以后很难立足于社会。

当前的家庭氛围主要存在四个方面的问题。从教育一致性来看，家长之间对孩子的要求不一致，无法相互配合，同心协力，如父母和祖父母对孩子教育要求的差异性等，不但不能取得良好的教育效果，有时还会起到反作用。从情感氛围来看，家庭感情交流较少，氛围不愉快，关系紧张，这种家庭教育也不利于培养孩子的交往能力。从业余活动来看，家长业余时间下棋玩牌、打麻将、串门聊天，不关心孩子的生活等，都会给孩子的思想行为造成不良的影响。从家庭环境布置来看，布置凌乱、庸俗、枯燥、单调或奢侈铺张，都会对孩子情趣的培养和个性的发展产生不良的影响。

“家和万事兴”，和谐的家庭关系不仅是每个家庭的幸福，也是培养乐观向上的男孩所必需的条件。所以，父母一定要给男孩创造快乐和谐的家庭氛围，让他们在关爱中成长，在愉快中学习，在欢笑中生活，使他们健康成长，全面发展。

给父母“穷”养男孩的忠告

家庭是孩子成长的摇篮，父母是孩子的第一任老师，父母的言行举止、性格态度将直接影响孩子的健康成长。如果家庭中经常充满欢声笑语和健康、美好的情趣，孩子生活在其中，身心就能健康成长。因此，要想培养一个聪明智慧、人格健全的男孩，就必须营造民主、和谐的家庭氛围，给孩子一片健康成长的天空。

鼓励男孩追求梦想

很多家长都希望自己的儿子有一个光明的未来，于是他们按照世俗的观点，凭借自己的看法和经验，来刻意培养自己家的独苗苗。培养儿子成为政治家、运动员、钢琴家、画家、律师、医生……是家长的目标，也是强加于孩子头上的梦想。结果，大多数孩子都是被动接受并苦不堪言，甚至产生逆反心理。

事实上，每个孩子心中都怀有梦想，并愿意为之不断努力。与其让孩子被动接受家长的设计安排，不如让孩子快乐地选择自己喜欢的道路。条条大路通罗马，只要是孩子在生活中对自己喜欢的东西怀着一颗炽热的心，就会坚持不懈地去追求自己的梦想，超越一切障碍，直至梦想成真。

男孩罗伯特的父亲是一位巡回驯马师，需要长年奔波，从一个马厩到另一个马厩，从一条赛道到另一条赛道，从一个农庄到另一个农庄，从一个牧场到另一个牧场，训练马匹。结果，这个孩子的学业不断地被扰乱。当他读到高中时，一次，老师要求大家写一篇作文，说说长大后想当一个什么样的人，做什么样的事。

那天晚上，罗伯特很用心地写了一篇长达 7 页的作文，描绘了他的目标：有一天，他要拥有自己的牧场。在文中他极其详细地描述了自己的梦想，甚至画出了一张占地 200 英亩的牧场平面图，在上面标注了所有的房屋，有马厩、跑道和种植园，还有建筑和室内平面设计图。孩子把全部的梦想都写进了作文中。

第二天，他将作文交给了老师。两天后，老师把批改后的作文发给了他。在第一页上，老师用红笔批了一个大大的“F”（最低分)，还附了一句评语：“放学后留下来。”

罗伯特放学后去问老师：“为什么我只得了‘F’？”

老师说：“罗伯特，我承认你这份作业做得很认真，但是你的理想与现实差距太远，太不切实际了。你没有钱，你来自一个四处漂泊、居无定所的家庭。你没有经济来源，而拥有一个牧场是需要很多钱的，你得买地，你得花钱买最初用以繁殖的马匹，然后，你还要因育种而花费大笔的钱，你没有办法做到这一切！”最后老师加了一句，“如果你把作文重写一遍，将目标定得更现实一些，我会考虑重新给你评分。”

罗伯特回到家，痛苦地思考了很久。他问父亲应该怎么办，父亲摸摸儿子的头说：“孩子，这件事你得自己决定。不过我认为这对你来说是个非常重要的决定。”

面对作文枯坐了整整一周之后，最终，罗伯特还是把原来那篇作文交了上去，没改一个字。他对老师说：“你可以保留那个

‘F’，而我将继续我的梦想。”

在父亲的鼓励下，罗伯特一直保存着那份作业，并且一步一个脚印地踏上创业的征程。多年后，他终于如愿以偿，有了占地200英亩的牧场。夏天，他请当年的老师带着她的学生到自己的牧场来露营。离开时，老师流下了忏悔的泪水，对他说：“罗伯特，现在我才意识到，当年我做老师时，就像一个偷梦的人，偷走了很多孩子的梦想，但是你的坚强和勇敢，让你接受了挑战。”

尽管老师说罗伯特的梦想不切实际、不可行，但是父亲的支持让罗伯特坚定了自己的选择，继续对梦想的追求。在梦想的指引下，罗伯特找到了努力的方向并为之奋斗，终于，他实现了自己的梦想，也发现了追求梦想的快乐。可见，父母鼓励孩子追求自己的梦想，按自己的意愿去做事，会唤起孩子更大的责任心，更投入地去把事做好。在投入的过程中，孩子会收获更多，即便最终失败了，孩子还会从失败中得到宝贵的经验和教训。

多年前，一位穷苦的牧羊人带着两个年幼的儿子靠给别人放羊来维持生计，日子过得很清苦。

一天，父亲和儿子们赶着羊来到山坡上，这时，一群大雁鸣叫着从他们的头顶飞过，消失在遥远的天际。

牧羊人的小儿子问：“大雁要飞往哪里？”

“它们要飞到一个温暖的地方，在那里安家，度过寒冷的冬天。”父亲回答说。

“如果我们也能像大雁一样飞起来就好了，那我就要飞到天堂去看妈妈，她在那里一定很孤单。”大儿子说。

小儿子也说：“做个会飞的大雁多好啊！那样我就不用放羊了，可以飞到自己想去的地方。”

父亲沉默了一下，对儿子们说：“只要你们想，就能飞起来。”

两个儿子伸开手臂试了试，可并没有飞起来。他们用怀疑的眼神看着父亲。

父亲说：“让我飞给你们看。”于是，他张开双臂飞了两下，但他也没有飞起来。

“肯定是因为我年纪大了才飞不起来，你们还小，只要努力并坚定想飞的信念，我相信总有一天你们能飞起来，飞到你们想去的地方。”

儿子们牢牢记住了父亲的话，并一直不断努力。当他们长大的时候，果真飞上了天空，他们就是飞机的发明者——美国的莱特兄弟。

父亲肯定了莱特兄弟想飞的梦想，还鼓励他们坚持自己的梦想，并为之努力，最终，他们实现了自己的梦想，发明了世界上第一架飞机。孩子最可贵之处在于他们的无所畏惧，他们不怕不完美，不担心自己不知道怎么办。为了追求梦想，他们会乐观地面对任何困难，积极主动地大步向前冲。

梦想对于男孩今后的成功非常重要。通往梦想之路不会是一帆风顺的，困难、障碍、挫折时刻伴随左右。每个人要想实现自己的梦想，都要为之付出努力和汗水。有些人坚定自己的意志，最终实现了梦想；有些人在挫折和失败中不断变换梦想，最终一直无法实现梦想。区别就在于，有些人乐观地对待困难，有些人悲哀地对待困难。所以，对于孩子的梦想，父母一定要予以肯定，鼓励他们执着地追求自己的梦想，乐观地对待任何困难和挫折。

给父母“穷”养男孩的忠告

在面对男孩梦想的问题上，父母一定要慎重。父母的轻视往往会造成孩子对梦想的轻视，孩子随意变更梦想，遇到困难放弃梦想就变得非常自然了。因此，父母要经常与孩子谈论自己的梦想，谈谈自己在实现梦想过程中遇到的困难，以及自己是如何去克服的，还要鼓励孩子从小树立梦想，不要轻易改变自己的梦想。

让儿子坚信：天生我材必有用

在生活中，常常见到有些家长用分数的高低来衡量孩子的才华。其实，在知识和能力的学习中，只要让孩子正确地认识自己，坚信“天生我材必有用”，并尽力把自身的潜力发挥到极限，所有的孩子都可以成为天才。只要孩子肯努力，有信心，努力克服各种困难，就会拥抱成功。

罗纳尔读中学的时候成绩很差，每次考试都在倒数第几名徘徊。老师一直说他无可救药，就连他自己也觉得这辈子不可能成功。因此，他一直很沮丧。

有一天，老师兴奋地宣布，著名的学者罗森塔尔要来班上做实验。

罗森塔尔是研究人才学的专家，据说他有一种神奇的仪器，能预测出谁在未来会获得成功。班里的几个尖子生为此激动不已。

“这和我没有关系。”罗纳尔肯定地告诉自己，出门玩儿去了。

罗森塔尔终于来了，他是个长着大胡子的中年人，和蔼可亲，但看不出有什么特别之处。令那几个尖子生失望的是，罗森塔尔只是在班上转了几圈便没了踪影，甚至没机会认识哪个尖子生。罗森塔尔的几位助手为大家做了一次例行体检，除了体重计、血压计、听诊器之类也没有什么神秘的东西。体检和学校平日组织的没有任何两样，只是助手多和孩子们拉了几句家常，如住哪儿，父母是干什么的，希望将来干什么，等等。

也许罗森塔尔有特异功能吧？尖子生们安慰着自己。

一天，老师神秘地点了包括罗纳尔在内的5个同学的名字，请他们到办公室去一下。罗纳尔紧张得很，以为自己又要去挨训。但是，杰比也在场，他可是数一数二的尖子生。罗纳尔很纳闷，其余4人也莫名其妙。办公室里坐满了老师，还有久违了的罗森塔尔以及他的助手们。“孩子们！”罗森塔尔和蔼可亲地说，“我仔细地研究了你们的档案、家庭以及现在的学习情况，我认为你们5个人将来会成大器的，好好努力吧！”

罗纳尔以为自己听错了，可是看看在场其他 4 人的表情，他知道这是真的。

从办公室出来后，罗纳尔的脚步轻松了许多，心想：“原来我还有希望，罗森塔尔是这么说的，他的预测一向是准确的，我要好好努力！”

“罗森塔尔说我会成大器的。”罗纳尔一直这么激励自己。很快，他的成绩跃居班级前几名，当然被罗森塔尔点的几位同学也都名列前茅。

15 年之后，罗纳尔顺利地取得了哈佛大学数学系的博士学位，在毕业典礼上，他见到了久违的罗森塔尔教授。罗森塔尔头发白了，但罗纳尔还是一眼认出了这个他生命中最重要的人物。罗森塔尔竟然还记得罗纳尔，热烈地向罗纳尔表示祝贺。

“可是，”罗纳尔终于还是忍不住问了起来，“您是凭着哪一点确信我一定会成功的？当时连我自己都绝望了。”

“孩子，我给你看一样东西。”罗森塔尔请罗纳尔到自己的电脑室去，在那里，他调出了罗纳尔的全部资料，包括从他们那次实验后的每次考试成绩记录以及就读大学的情况。不仅有他的，也有其余4个人的……罗纳尔一点儿也不明白是怎么回事。

“那次实验到现在才结束，实验的题目是《语言的激励作用对人的影响》，我们一直对你们5人进行跟测，实验大获成功。实际上，我并不知道你们都会成功，但除了出车祸而亡的丽达，你们都成功了。当年，我只是从花名册上随便勾出5个人名，在此之前我对你一点儿也不了解。这项实验表明，帮助孩子培养对自己能力的信心，更能发挥孩子的潜力，因为人类会被自己心中的信心所引导，小孩也不例外。”

罗森塔尔的这个实验是心理学上著名的实验，它说明语言的暗示功效可以培养人的自信心。罗森塔尔教授通过暗示罗纳尔“将来一定会成大器”，激发了罗纳尔的潜力，让他从一个对自己毫无希望的差等生，变成后来毕业于哈佛大学的数学博士。可见，让孩子相信自己的能力，可以帮助孩子树立学习的信心和决心，坚持刻苦努力并获得成功。

父母平常在教育男孩时，同样需要多使用鼓励、表扬的机制，培养孩子的自信心，千万不能用“你真笨”“没救了”之类的话来打击孩子。当然，鼓励也不仅仅限于语言，鼓励的方式有很多，可以是一个赞赏的眼神，可以是拍拍肩、握握手，也可以是一个拥抱……无论采取哪一种，都会让父母看到鼓励所创造的奇迹。

每个人都有独特的创新思维，见人所不能见，想人所不能想。有些孩子在很多人看来，没有任何优秀之处，可是就在这种平淡无奇的后面，或许潜藏着独特的天赋。

牛顿在小学时的成绩一团糟，还被老师和同学称为呆子，但他却发现了万有引力定律。达尔文上学时，所有的老师都认为他资质平庸，与聪明不沾边儿，但他一摸到植物就灵光焕发，最后成为进化论的奠基人。爱因斯坦被老师评价为反应迟钝，满脑子不切实际的幻想，甚至被勒令退学，但他却成为现代物理学的开创者和奠基人。在他死后，很多科学家还在研究他的大脑与常人的不同之处。爱迪生 8 岁时才上学，被老师当作反应迟钝的学生，屡次被斥为“糊涂虫”“低能儿”，他却成为世界上最著名的发明大王，为人类的文明和进步作出了巨大的贡献。

由此可见，一个人的成功绝非单一的智力可以决定的。只要父母根据孩子的追求和梦想因材施教，激发出孩子的潜能，就可以让孩子找到人生的定位。

给父母“穷”养男孩的忠告

一个人的出身不能决定他的将来，一个人的天赋不能决定他的最终成功，一个人的起点不能决定他一生的发展。在男孩成长的过程中，父母需要给予其充分的肯定和信任，激发他们不断追求、勇于进取的坚定信念。

第十章

别疼爱出一个自私鬼——让男孩学会爱和感恩

让男孩懂得给予

父母要让男孩懂得给予。越是不肯给，越不让他占到便宜；越是肯给，越让他得到，这样孩子就能够学会付出，学会奉献，学会去爱，而不是一个只知被爱和索取的人。

有一年的圣诞节，哥哥送给杰瑞一辆新车作为圣诞礼物。圣诞节的前一天，杰瑞从办公室走出来时，看到一个小男孩正在他闪亮的新车旁走来走去，并不时触摸它，满脸羡慕的神情。

杰瑞饶有兴趣地看着这个小男孩。从他的衣着来看，他的家庭显然不属于自己这个阶层。就在这时，小男孩抬起头，问道：“先生，这是你的车吗？”

“是啊，”杰瑞说，“这是我哥哥送给我的圣诞礼物。”

小男孩睁大了眼睛：“你是说，这是你哥哥送给你的，而你不用花1分钱？”

杰瑞点点头。小男孩说：“哇！我希望……”

杰瑞以为小男孩肯定是希望也能有一个这样的哥哥，但小男孩说出的却是：“我希望自己也能当这样的哥哥。”

杰瑞十分感动地看着这个男孩，然后问他：“要不要坐我的新车去兜风？”

小男孩惊喜万分地答应了。

逛了一会儿之后，小男孩转身向杰瑞说：“先生，能不能麻烦你把车开到我家门前？”

杰瑞微微一笑，他觉得他理解小男孩的想法：坐一辆大而漂亮的车子回家，在小朋友的面前是很神气的事。但是，他又错了。

“麻烦你停在两个台阶那里，等我一下好吗？”

小男孩跳下车，三步并作两步地跑上台阶，进入屋内。不一会儿他出来了，并带着一个显然是他弟弟的孩子。这个孩子因患小儿麻痹症跛着一只脚。他扶着弟弟坐在下边的台阶上，自己紧靠着坐在旁边，然后指着杰瑞的车子说：“看见了吗？就像我在楼上跟你讲的一样，很漂亮对不对？这是他哥哥送给他的圣诞礼物，他不用花1分钱！将来有一天我也要送你一部和这一样的车子，这样你就可以看到我一直跟你讲的橱窗里那些好看的圣诞礼物了。”

杰瑞的眼睛湿润了，他走下车子，将小弟弟抱到车子前排座位上。他的哥哥眼睛里闪着喜悦的光芒，也爬了上来。于是三个人开始了一次令人难忘的假日之旅。

在这个圣诞节，杰瑞明白了一个道理：给予真的比接受更令人快乐。

杰瑞沉浸在接受圣诞礼物的快乐中，自然而然地认为男孩也会希望得到同样的礼物。可是，当他看到男孩认真地对弟弟说，将来也要送一台同样的车作为礼物时，他发现了给予的快乐。罗曼·罗兰说：“快乐不能靠外来的物质和虚荣，而要靠自己内心的高贵和正直。”

教男孩学会给予和付出，可以让他感受到舍己为人、不求任何回报的快乐和满足。赠人玫瑰，手有余香。给予是一种快乐，它能传播快乐，让爱和快乐传递给父母、朋友以及身边的一切。

生活中，男孩比较霸道，不肯给予别人，不肯与人分享是很常见的现象，更有孩子认为：凡是他能够得到的东西都是属于自己的。所以，对于每位家长来说，应该从小让男孩学会付出和给予。

首先，家长在孩子眼中应该是一个有爱心、会与他人分享的人。父母的行为对男孩有着最直接、最持久的影响作用，为孩子树立学习和模仿的榜样，是父母的首要任务。在生活中，父母应该慷慨待人。比如，主动把好吃的食物拿出来让别人吃，肯把东西借给邻居使用，乐意把自己的物品转让给别人，等等。

其次，要为男孩提供给予、与人分享、与人交往的机会。比如，买回的食品不要全部给孩子吃，鼓励孩子把糖果分发给每个家庭成员，和家人共同分享。引导孩子把玩具拿出来，和小朋友一起玩儿。让孩子和小朋友交换玩具玩耍，从而让孩子明白礼尚往来的必要性，以及互相帮助的重要性。对于孩子主动给予、互换的行为，家长要及时进行肯定和鼓励，让孩子体验给予的快乐和成就感。

再次，用身边给予的例子感染男孩。鼓励孩子和慷慨给予的人交往，在长期交往过程中，孩子就会不知不觉地学会付出和给予。父母也可以利用电影、电视、儿童读物中的榜样来教育、熏陶孩子。在各种各样给予行为的影响下，孩子就会逐渐产生给予的意识，体会到给予的乐趣。

最后，家长在日常生活中，可以带男孩一起关心帮助贫困者和受难者。鼓励孩子解囊相助，把自己的玩具或食物送给贫困家庭的孩子，把自己的零花钱积攒下来，捐给灾区或急需用钱治病的人，也可以带男孩去孤儿院做一些力所能及的事情。他们在体会到助人的乐趣后，逐渐就会把这种乐趣作为一种强烈的精神需要，最终养成宽厚待人、乐善好施的性格。

给父母“穷”养男孩的忠告

男孩将来要进入社会，成为社会人，和各种各样的人打交道，到那时，如果孩子只知“受”不知“给”，就容易产生人际关系危机，且不知该如何处理，因为社会不可能“无条件”给予任何人想要的东西。因此，父母要让男孩从一个表情、一句问候、一个眼神、一件小事开始，学会付出和给予，善意地看待这个世界。

帮助男孩克服自私心理

自私是现在的独生子普遍存在的问题，一方面因为家里没有兄弟姐妹，吃的玩的没有人和他分享；另一方面，由于家长的教育态度和方法不当，过度关心，过于迁就孩子，把孩子放到最高的位置，让他养成了以自我为中心，只顾自己不顾他人的自私心理。

但是，自私的孩子往往得不到同伴的欢迎，交不到朋友。因为缺少与同伴之间的分享，孩子更难以纠正在家庭中形成的自我中心状态。所以，一旦发现男孩自私自利的苗头时，家长就要想办法加以引导，帮助孩子摆脱自我中心的束缚，防止孩子独占意识的膨胀，让孩子逐渐培养利他意识。

童童4岁了，他是个喜欢笑的孩子，总是笑眯眯的，非常招人喜欢。在爷爷奶奶眼里，童童就是宝贝。爸爸妈妈也很喜欢童童，每次出门都会给他带回好吃的、好玩的，还总是把好吃的东西留给他一个人吃，做了好吃的饭菜也让他先尝。

童童对于别人的关心和疼爱渐渐习以为常。每次吃饭时，他总是等着爷爷帮他把小椅子、小勺子、小碗摆好，一切都准备就绪之后，他才肯坐下来吃饭。每次饿了或是渴了，自己也不会去找东西吃、去找水喝，而是站在屋子中央大声喊。这时，爷爷奶奶就会赶紧给他拿来吃的、喝的。小孩子还是长身体的时候，全家人都巴不得他多吃点儿，吃得胖胖的，健健康康的。说童童是家里的“小皇帝”“小太阳”，一点儿也不过分。

慢慢地，童童养成了很多坏习惯。吃饭时，他只知道坐下来吃，却从不知道关心他人。在妈妈的不断提醒下，偶尔心血来潮，帮爷爷拿一下椅子，帮奶奶拿一个苹果，爷爷奶奶就已经笑得合不拢嘴了。

有一次，爸爸出差带回了南京特产“桂花鸭”，妈妈把鸭子切好放在盘子里摆到饭桌上，喊大家一起品尝。童童第一个跑过来，妈妈笑着告诉他：“这可是南京的鸭子，很好吃哦！”童童看着桌上的鸭肉，突然用两只胳膊盖住盘子，大声说：“这是我的，不许你们吃！”

妈妈对童童的行为感到非常惊讶，尽管平时都让着他、宠着他，有好吃的也总是希望他多吃点儿，可是童童从来没有像今天这样冷漠自私。妈妈决定心平气和地给儿子讲明道理，于是蹲下来说：“童童是个好孩子，赶快把鸭子拿过来，让大家都尝尝。爷爷奶奶都没吃过呢！鸭子这么大，你自己也吃不完啊！”

可是无论妈妈怎么说，童童就是不听，还是使劲儿地捂着盘子。到后来，他干脆端着盘子跑到另一间屋子，关起门自己一个人躲在里面吃。妈妈边敲门边劝说，但是他就像没听见一样，连句话也不回。爷爷走过来对妈妈说：“算了，就让他吃吧，难得他这么喜欢吃。”妈妈只好作罢。过了好一会儿，童童才把门打开了，把吃剩的骨头端给妈妈，说了一句：“你们吃吧……”

爸爸妈妈都意识到问题越来越严重了，儿子的这种行为再也不能不管，他根本不懂得要尊敬长辈，更不懂得与别人分享。另外，尽管孩子有错误，但主要的问题还是家长的教养方式存在偏差。作为家长，爸爸妈妈觉得应该好好反省反省了。

接下来的日子，每次吃饭的时候，妈妈都会有意识地鼓励童童帮爷爷奶奶摆好凳子，帮大家拿筷子。平常也会给童童讲一些关心别人、孝敬父母的故事，自己做家务的时候也叫上儿子一起干，如扫地、擦桌子等。但是，可能妈妈坚持得不够彻底，想法和做法不太一致，结果收效甚微。尽管童童不会再独自占有某一种好吃的东西了，但仍然不会主动帮助家人做些力所能及的事情。

童童的自私很明显是家长过分溺爱、娇纵的结果。心理学研究表明：孩子在2岁左右，自我意识开始萌生，与此同时，孩子的自私心理也开始逐渐形成。当孩子能够分辨自己与外界的关系时，便不再愿意将手里的东西送给别人。孩子的性格是在一定的家庭和社会环境中形成的。童童的爸爸妈妈意识到了儿子的贪婪自私，及时改进了教育方式，但因为不能坚持原则，想法和做法不一致，效果并不明显。

其实，对于已经形成自私倾向的孩子，父母能够发现孩子的问题就是教育的契机。只要父母认真对待，方法得当，孩子慢慢也会养成一种利他行为，处处为别人着想，少一些自私，多一些无私。克服孩子的自私心理，家长可以从以下几个方面入手。

1. 父母不要一味迁就孩子。孩子的自私不是天生的，都是后天形成的。要克服孩子的自私心理，还要父母改变对孩子过分支持、过分保护和对孩子唯命是从的习惯。正确的家庭教育应该是有原则的，对于孩子的不合理要求一定不能予以满足。在生活中，对所有的家庭成员平等对待，让孩子明白自己在家庭中不是“霸王”，只是其中平等的一员，没有什么特殊待遇。

2. 创造分享的家庭气氛，让孩子在家庭生活中扮演合适的角色。自私的孩子在家庭生活中常常表现为：不关心父母和爷爷奶奶，不做或很少做家务劳动，霸占好吃好玩的东西，不断提出更高的要求，总是感到自己得到的好东西太少。要改变孩子这些行为，家长可以通过让孩子分担一些家务劳动，使孩子感到每个家庭成员都是相互依存的，应当互相关心、互相爱护。对于孩子经常独占的食物，可以把食物平均分开，每个家庭成员一份，即使孩子大哭大闹，家长也要坚持到底。只有这样，才能逐渐改变孩子的自私心理。

3. 引导孩子学会体谅他人。在生活中，有意给孩子制造一些挫折，让孩子适当碰碰钉子，家长再适时地给予孩子一定的帮助，让孩子明白在困境中被帮助的快乐。同时，帮助孩子认识到自私是不受欢迎的行为，只有友善和互助才能赢得大家的喜欢。当孩子有好的表现，如吃东西时，孩子主动地让长辈先吃，最后自己才吃，父母就要及时表扬和鼓励孩子，让孩子感受到体谅别人的乐趣。

4. 孩子的自私往往是因为不能从他人的角度看问题，父母不妨创造机会让孩子与他人合作。鼓励孩子与同龄人结交朋友，从儿童心理发展的规律看，5～6岁的孩子就开始需要友情、需要伙伴。但很多孩子都是家中的独生子，没有兄弟姐妹，只能一个人学习、玩耍，孩子很难考虑到别人，孤僻的环境带来自我中心是必然的。改善这种情况，家长要有意识地与孩子一起沟通、做游戏，同时鼓励孩子与同学和邻里发展友谊。比如，邀请同学来家里玩儿，让孩子帮助邻居取报送信，到邻居家借还物品，等等。在这个过程中，孩子就会体验到人与人之间的温情，逐渐学会关心他人。

5. 父母应该以身作则，严格要求自己，在日常生活中，互相关心，孝敬长辈，给孩子树立榜样。日久天长，同样的品质和行为也会出现在孩子的身上。如果父母本身就存在自私心理，也难以要求孩子做到无私。

未来社会要求有团队精神的人，善于与人合作的男孩将会在以后获得更大的成功。父母及时帮助孩子克服自私的心理，让孩子放弃狭隘的心理，使他们将来得到的更多。

给父母“穷”养男孩的忠告

家长应该高度重视男孩自私这一现象。家长要因势利导，帮助男孩克服自私心理，养成与他人分享的好品质。家长一方面应该要求自己不自私，以正面形象影响教育孩子；另一方面，要从小事做起，逐渐引导孩子克服利己主义心理。家长还要让孩子从小就觉得应该先人后己，使孩子养成无私大度的品格。

鼓励男孩帮助别人

帮助别人，往往能获得别人更加丰厚的回报，明智的父母都懂得培养孩子帮助别人的好习惯。关心他人，竭尽全力去帮助别人，会使人变得慷慨；关心别人的痛苦和不幸，帮助别人减轻或消除痛苦和不幸，会使人变得高尚；时常为他人着想，会丰富自己的生活，增加自己的涵养；在为别人付出时，会体验到生命的快乐和富足。

在这个世界上，个人的力量是薄弱的，一个人无力解决生活中的所有问题，任何人都离不开他人的帮助。没有人能够绝对孤立地生活，在社会关系网中，要用自身的魅力和人格去赢得朋友。给别人方便，力所能及地帮助别人，生活就会更加愉悦。因此，父母应该让孩子从小就知道帮助别人就是帮助自己的道理，而不是疼爱出一个自私的男孩。

一个家境贫困的小男孩为了攒够学费，只好挨家挨户地推销商品。这天，饥寒交迫的他摸遍全身，却只有一角钱。于是，他决定向下一户人家讨口饭吃。

然而，当一位美丽的小女孩打开房门时，小男孩却有点儿不知所措了。他没有要饭，只请求给他一口水喝。小女孩看到他饥饿的样子，就倒了一大杯牛奶给他。男孩慢慢地喝完牛奶，问道：“我应该付多少钱？”

小女孩微笑着回答：“一分钱也不用付。我妈妈告诉我，施以爱心，不图回报。”小男孩说：“那么，就请接受我由衷的感谢吧！”说完，小男孩就离开了这户人家。此时的他不仅感觉浑身是劲儿，而且更加相信上帝和整个人类。本来，他都打算放弃了。

数年之后，那个小女孩已经长大，而且得了一种罕见的重病，当地医生对此束手无策。最后，她被转到大城市医治，由专家会诊治疗。大名鼎鼎的霍华德•凯利医生也参加了医疗方案的制订。当他听到病人来自的那个城镇的名字时，一个奇怪的念头霎时间闪过他的脑际。他马上起身直奔她的病房。

身穿手术服的凯利医生来到病房，一眼就认出了当年的小女孩。回到会诊室后，他决心竭尽所能来治好她的病。从那天起，他就特别关照这个对自己有恩的病人。

经过努力，手术成功了。凯利医生要求把医药费通知单送到他那里，他看了一下，就在通知单的旁边签了字。当医药费通知单送到女孩的病房时，她根本不敢看。因为她确信，治病的费用可能会花费她整个余生来偿还。最后，她还是鼓起勇气，翻开了医药费通知单，旁边的那行小字引起了她的注意，她不禁轻声读了出来：“医药费已付，一杯牛奶。”

帮助别人就是帮助自己。当年小女孩的一杯牛奶，让小男孩坚定了生活的信念和勇气，奋发图强，最终成为大名鼎鼎的医生；数年后，成为医生的男孩全力挽救了女孩的生命，还帮她付清所有费用。爱出者爱返，福往者福来。人生就是这样，谁也离不开别人的帮助，帮别人搬开脚下的绊脚石时，可能正好为自己铺平了道路。对他人多一分理解、宽容、支持和帮助，其实也是善待和帮助自己。

男孩同样有爱与被爱的需要，也更关注被爱和被尊重的感受，却因为天性中的粗枝大叶，往往忽视了爱与尊重他人的前提。其实，只要主动去关照、帮助一下别人，世界可能就会因此而改变。在帮助别人的同时，还会让自己收获一种强者的感觉。所以，父母应该告诉男孩：不要总想从别人那里获取更多的东西，自己却吝啬于哪怕一点点的付出。

社会是一个大家庭，每个人都扮演着各自的重要角色，大家同舟共济，快乐无穷。但是风雨人生，世事难料，有时会需要别人替自己遮风挡雨，有时会需要别人为自己消除烦恼、给予慰藉，只有学会关爱他人、帮助他人，将来自己在困难中才会得到他人的帮助。因此，帮助别人就等于帮助了自己。

人生的快乐在于给予，而不是争夺；人生的价值在于奉献，而不是索取。每一个帮助别人的男孩，内心都是幸福快乐的。要让男孩学会帮助他人，父母仅仅告诉他们怎么做还不够，应该鼓励他们积极行事，给他们解释帮助他人的原因。当男孩知道帮助别人是一件快乐的事情后，就会更主动地去做。另外，家长要以身作则，树立助人为乐的榜样，带着儿子一起去帮助他人，这是培养男孩助人为乐习惯的最直接办法。

给父母“穷”养男孩的忠告

爱心是男孩做人、做事的基本出发点，一个没有爱心的男孩是不可能乐于助人的，是不可能主动去做一些对他人有益的事的。为此，父母要用实际行动引导男孩学会善意地帮助别人，要从家庭小事中培养孩子助人之心。在这样的家庭氛围中成长起来的男孩，才能处理好与他人之间的关系，从而获得双倍的理解和快乐。

让男孩懂得与他人分享快乐

很多独生子女的家长养成了以孩子为中心的习惯，全家人都围着孩子一人转，想方设法满足孩子的各种要求，孩子也渐渐习惯于家人的呵护，不懂得关心别人，控制欲、占有欲越来越强，分享意识却越来越淡泊。许多人的人生路越走越狭窄，就是因为从小心胸狭隘，不会与人分享。从男孩的长远发展来看，让他们学会分享，学会同别人分享自己的所有和快乐，他们将来才会成为一个心理健康、社会需要的人。

山姆一家从盐湖城搬到了新的地方，新家不但比以前大了很多，周围环境也很漂亮，山姆却总是愁眉苦脸的，一点儿也提不起精神来。

“怎么了，山姆？”爸爸问道，“你为什么不高兴呢？”

“没有朋友跟我玩儿，”山姆说，“我真希望我们还是住在盐湖城而没有搬来。我在那儿有很多朋友。”

“在这儿，你很快就会交上朋友的，”爸爸说，“等着瞧吧！”

就在这时，响起了咚咚的敲门声。爸爸打开门，看到门口站着一位大胡子先生。

“你好，”他说，“我是大胡子肖恩，住在隔壁。”

“进来吧，这是比尔家，”爸爸说，“我和山姆都很高兴你来。”

“我来借一把锤子，”大胡子肖恩说，“我想修一下桌子，但是找不到锤子了。”

“我可以借给你，”爸爸说，“别着急，请进来喝一杯咖啡吧！我才搬过来，还要找一找把它放在哪儿了。”

那天下午，又有人敲门。爸爸打开门。

门外站着一个抱着玩具汽车的男孩。

“我叫托尼，”他说，“我爸爸让我送你这瓶他自制的葡萄酒，还给你这个锤子。”

“哎呀，谢谢，托尼！”爸爸说，“进来吧，和山姆认识认识。”

山姆和托尼差不多年龄。

山姆问道：“你能待在这儿跟我玩儿吗？”

托尼说：“可以，我能待一个小时。”

“那么，我们一起玩开汽车吧，”山姆说，“我的狗威廉也想跟着一起玩儿。”

托尼发现跟威廉一起玩很有意思。他自己没有狗。山姆发现托尼的玩具汽车和自己的不一样，好像更好玩儿。

“我很高兴你住在隔壁，”山姆说，“现在有人跟我玩儿了。”

“爸爸说我们很快会成为好朋友的。”托尼回答说。

山姆说：“我很高兴你爸爸正好需要锤子。”

“他并不是真的需要锤子，”托尼笑着说，“他只是想跟你爸爸交朋友。”

人与人之间需要交往，需要沟通，需要关怀。痛苦需要与他人分担，快乐需要与他人分享，关怀别人其实就是关爱自己。爸爸们的行为带动了孩子，孩子们也在分享中找到了快乐。山姆有狗，托尼有汽车，两人一起分享就是大家共同拥有这一切。分享给每个孩子都带来了欢乐，这就是分享的意义。

现在，有很多因素导致孩子越来越自私自利。没有兄弟姐妹，让孩子缺乏互爱互让的经验，再加上父母的迁就和忍让，很容易让男孩养成独占、自私的行为。另外，男孩更具有攻击性，自我意识强，因道德认知不完善，没有建立正确的评判标准，在与同伴发生冲突时，无法做到与人分享。很多男孩在玩同一个玩具或交换玩具时发生争吵，往往就是因为他们还不懂得沟通，找不到两全其美的方法来分享。

每位家长都不希望自己的儿子心胸狭隘，步入人生的死胡同。为此，让孩子懂得分享显得格外重要，如果孩子不愿意与人分享，家长可以从以下几个方面入手，着手改变孩子自私的毛病。

1. 家长以身作则，为孩子树立榜样。在生活中，多与孩子的爷爷奶奶、邻居一起分享自己的快乐或成功。另外，对有分享行为的孩子给予积极的评价和鼓励，激发自己的孩子向他们学习。让孩子多与具备分享意识和能力的孩子一起游戏，在游戏中，孩子会自觉地通过观察、模仿学习对方的行为。

2. 为孩子提供学习契机。家长可以通过日常生活中的小事培养孩子分享的习惯。让孩子经常做些家务，如晾衣服、倒垃圾等。家长也可以让孩子与其他孩子相处，并教导、鼓励孩子与人分享、帮助他人。

3. 让孩子学会合作。让孩子看到一起工作和分担任务的好处，或者告诉孩子他可以得到一份好吃的东西，但必须两个人分享。这些训练有利于培养孩子的合作精神。

4. 分享训练有一定的原则和技巧。家长要适当地引导孩子，多给他鼓励，让他感到分享对他不是一种剥夺，而是增添更多乐趣的机会。父母不妨从孩子很小的时候就对孩子进行分享训练，通过反复训练，让孩子学会互惠与信任。

5. 父母和孩子一起分享自己的喜怒哀乐。不要刻意地去掩盖竞争下的艰难和残酷，让孩子从小认识生存的难度，在和家长一起分担忧愁困苦中，理解到生活的不容易。这样，他们才会懂得珍惜现在的生活，才会关心别人。

6. 分享不是口号，应该体现在家庭生活的每一个细节中。如不随地乱扔垃圾，因为整洁的环境属于大家；中午或晚上的休息时间不要太吵闹，以免吵醒大家；共同保护地球不受污染，因为它是大家的……

给父母“穷”养男孩的忠告

独生子女政策导致现在的孩子在家庭中往往会形成强烈的自我中心倾向，他们不懂分享，独占欲强，不考虑别人的需要和想法，长大后容易形成明显的性格缺陷，甚至有可能无法与人正常交往。只有让孩子学会分享，懂得与别人和谐相处，学会爱别人，他们将来才能更好地融入社会。

不要认为别人的付出是理所当然的

很多男孩由于家庭的宠爱，往往认为别人的付出是理所当然的，根本没有感恩的观念。不懂感恩已经成了现在独生子女的一种通病，非常普遍。他们对长辈、对社会只知索取，不懂回报，自私自利，逐渐成为冷漠的一代。不懂回报父母的男孩，将来也不会回报社会，更难于在社会上立足。

因此，家长应该教育男孩从小学会感恩，这不仅是一种礼仪、一种健康的心态，也是社会进步、现代文明的体现。在家庭里，父母与子女之爱不是单向的，而是双向互动的。孩子不仅接受来自父母之爱，还应懂得爱的反馈和回报。只有学会感恩，将来在学校里、社会上，才能更好地与人相处、合作。

一位母亲在儿子身上倾注了所有的母爱。为了儿子，她辞去了优越的工作，一心一意地做起了全职妈妈。儿子的衣食住行，她照顾得体贴入微，甚至一餐要吸收多少热量，她都要做精确的计算。

有一天，这位母亲感冒发烧，躺在床上休息。她没能像往常一样，在儿子放学回来前就准备好丰盛的晚餐。她在想：“我平时那么疼儿子，他回来看到我这么憔悴，一定会很心疼。”

儿子放学回来后，径直朝着母亲的床前走去。就在母亲用期待的眼神看着儿子，希望儿子能用小手摸摸自己的脸颊时，令人寒心的一幕出现了。儿子的脸上突然充满了愤怒，大声质问母亲：“我饿了！你怎么还没有给我做饭？”

母亲当时简直不敢相信自己的耳朵，这竟然是自己付出了所有的爱与心血悉心照顾的儿子，在自己生病的时候对自己说的唯一一句话。

母亲为儿子付出了这么多，可是当儿子看到生病的母亲躺在床上，为何还能这样冷漠地质问母亲怎么还没给自己做饭？其实，要追根溯源，还是这位母亲自己造成的。一心一意为孩子服务几乎是母亲的本能，然而这位母亲却只注重物质、生理、知识方面的培养，对孩子的情感、意志、个性、人格方面的培养显得太少。当孩子能承担一定的责任时，母亲也从未把儿子当作成人看待，分担一些责任给他。所以，当这位母亲生病时，儿子不懂得照顾母亲，反而责问母亲没做饭的不是。

父母培养孩子长大不容易，但是很多孩子根本不理解，也不懂得感恩，最重要的原因就是家庭教育方式出了问题。有的家长觉得自己从小吃了很多苦，不能让孩子再吃苦；有的家长认为只要孩子学习好，物质方面的要求尽量满足，其他孩子长大后自然会懂；因此，很多孩子过着衣来伸手、饭来张口的生活，对于家长的付出，他们也认为很自然，甚至是理所应当。

父母是孩子的第一任老师，但长期以来，父母在对待孩子的问题上过于伟大无私，过于自我牺牲。溺爱、百依百顺会导致孩子不懂得感恩。其实，感恩也不是要求孩子给予父母多少回报，更多地体现为对父母、师长以及社会的认同和尊重，也可以延伸为一种责任。培养孩子的感恩意识，家长必须经常进行引导、激励和熏陶，让孩子多经历些磨砺，对他们的言行给予适当规范，让孩子在满足与缺失中感悟生活、理解父母，渐渐懂得感恩和回报。

感恩是一种美德，是孩子走向生活和未来的开始，懂得感恩才能被他人、被社会所接受，才知道报答亲人，报答社会。所以，男孩从小不仅需要品质、气质的教育，也需要感恩教育。一个不懂得感恩父母的人，将来也不会懂得感恩妻儿、感恩社会。

家长应让孩子从小懂得尊重别人，对别人的给予心存感激，让孩子学会关爱他人，帮助他人，将来他们才能更好地与周围的人相处和合作。

首先，父母要为孩子做出榜样，父母对待生活和他人的态度会潜移默化地影响孩子，所以教育孩子学会感恩，首先自己要学会感恩。

其次，让孩子体会被人感谢所带来的快乐。让孩子帮父母做一些力所能及的事情，或是去帮助身边他可以帮助的人，让孩子在得到别人感谢的同时，感受到快乐。如果被帮助的人没有回应，正好用这种失望的经历提醒孩子，接受别人的帮忙时一定要说谢谢。

再次，让孩子也分担一些家务，培养孩子的家庭责任感。比如，饭后收拾碗筷，整理自己的玩具；参与社区服务，感受为他人服务的快乐；体验父母的辛苦，让孩子更加珍惜家庭生活的幸福；等等。

又次，让孩子学会珍惜父母的给予。适当让孩子吃一些苦，不要急于满足孩子的要求，不要事事都为孩子做得很周全，让孩子感受一下需要的滋味，只有费尽周折达成的愿望，他才会记忆深刻，并从中学会珍惜。

最后，让孩子学会感谢他人。学习有进步时，引导孩子感谢老师的教诲，感谢同学的帮助；邻居帮忙时，和孩子一起上门道谢，让孩子懂得感激别人。

给父母“穷”养男孩的忠告

在孩子的成长过程中，父母不应对孩子的事情大包大揽，而应给孩子认识生活的机会，让孩子在生活中学会感恩。感激父母的养育之恩，感激老师的培育之恩，感激同伴的友爱之恩，感激生活中一切美好的事物带来快乐之恩，学会表达自己的爱，学会在付出中成长。

男孩要善良，但不能懦弱

善良对于任何人来说都是优点，拥有善良的同情心和仁慈品质的男孩，将来才能成为富有道德情感的正直的人。一个根本不知道关心人、同情人的男孩必定会产生阴暗的心理，心理也不会健全。因此，父母必须从孩子小的时候起培养他的爱心，在孩子的心中播撒善良的种子。

但是，善良也是有原则的。真正善良的人会保护弱者，打击坏人，而一味无原则的善良则是迂腐、懦弱的表现。家长在教育男孩善良的同时，要让孩子认清，善良的实质是同情弱者、匡扶正义，毫无原则的忍让则是懦弱的表现。维特根斯坦说："勇气通往天堂之途，懦弱往往叩开地狱之门。"懦弱是人性中勇敢品质的"腐蚀剂"，时时侵蚀着孩子的心灵。

在教育儿子谦让、善良时，聪聪的妈妈感到迷茫了，不知孩子的行为是善良，还是懦弱？

聪聪5岁了，聪明伶俐，热情善良，但是说起儿子的善良时，妈妈心里总不是滋味。从儿子很小的时候，妈妈就教他有礼貌，聪聪一直以来也都是别人眼中的乖孩子，人人都夸他：“这孩子心地真好。”可是妈妈总觉得这都是儿子用忍让换来的，这种称赞让妈妈为儿子的忍让有些心疼。

聪聪第一次打人时，妈妈说“弟弟小，你要让着他”或“哥哥大，你要跟哥哥友好”。有小朋友来家里玩儿，要聪聪的小火车，聪聪不肯给时，妈妈说：“他是客人，让他玩儿吧！”儿子不明白了，问妈妈：“为什么弟弟小，我就要让；哥哥比我大，他却不让我呢？”妈妈不知怎么回答，只好说：“因为你最懂事。”为了做妈妈喜欢的懂事孩子，聪聪渐渐地养成了事事都让的习惯。

当别的孩子动手打聪聪时，他既不跑也不还手，只是愣愣地看着。碍于大人之间的情面，妈妈只好违心地说“没关系”。但妈妈的心里还是很气恼，有时她也会对儿子说：“他打你，你也可以打他。”但聪聪可怜兮兮地望着生气的妈妈说：“那他妈妈就不高兴了。”儿子的话让妈妈有些心酸。

聪聪带着玩具到楼下玩沙子。一个孩子拿走了聪聪的运沙车，另外一个孩子拎走他的小铲子，其他的孩子也纷纷过来拿聪聪的玩具，最后，聪聪只好用手挖沙子。妈妈看着别的孩子拿走儿子的玩具，提醒儿子：“他们拿走你的玩具，你玩什么？”聪聪却安慰妈妈：“不要紧的。”

聪聪的妈妈开始反省，自己对聪聪的教育是不是错了？妈妈的本意是希望孩子有礼貌、有修养，可儿子如此消极，不知道争取自己的利益，将来怎能应对激烈的社会竞争呢？聪聪虽然善良，但他的做法也存在问题。他在忍让的尺度上似乎有些过头，尽管是出于善良的本意，但无原则的忍让，只能产生一些消极的后果。

美国著名法官欧文•班•库柏小时候很懦弱。因为家中贫穷，他小时候必须到附近的铁道捡拾碎煤块回家取暖，他为此觉得很难堪。而且，有一群恶少，专门守在他回家的路上，等着取笑他并打他。为此，班一直难以摆脱恐惧、自卑的阴影。当他看了哈瑞特•雅各布斯写的《罗勃特•卡夫迪的奋斗》一书之后，他决定效法书中的主人公，勇敢抵制横逆。再遇到那几个恶少时，班与他们进行了激烈的打斗。尽管他的鼻子流血了，身上也布满了瘀紫的伤痕，但他把几个恶少打跑了，而且他从此克服了恐惧懦弱的心理。从那一天开始，他改变了自己的世界。不再害怕邪恶的班长大后，成了一名让罪犯害怕的法官。可见，无原则的忍让是懦弱的代名词，它只会让邪恶势力的气焰升高。当自己的利益受到无端侵害时，采取合适的方式反击，让对方认识错误并改正，才是善良的真义。

父母平时有意识地给孩子展现一些善良与忍让的不同情境，并点明情境的特点，帮助孩子认识不同情境下的忍让行为可能带来的结果，让孩子通过分析和判断，逐渐懂得善良，学会有限度的忍让。

忍让不同于退让，适度的忍让是大度，是宽容，而无原则的忍让则是懦弱与无能。无谓的忍让其实就是对规则的破坏，虽然自己吃亏也未必能达到杜绝恶行的效果。在不同的情境、不同的场合下，忍让有着不同的含义。长者对待幼儿成长过程中的无礼包容大度，强者对待弱者的过失宽大为怀，有理者对待无理者一时的挑衅置之一笑，师者对待学者的错误和特立独行提供方便之门，这些忍让都是大度的品性，是朴素的修养和美德，是人的善良本性的自然流露。如果一再忍让反而助长其嚣张气焰，该出手时不出手，不去勇敢地制止恶行，这就是懦弱的表现。不但自己走不出受人欺负的困境，还有可能帮助一个即将犯更大错误的人，从而让自己的善良之举变成他人的私利。

家庭对男孩的成长、个性的形成，往往有其特定的影响和作用。父母要共同承担起教育的责任，父亲培养儿子勇敢、刚毅、乐于交往的品质，母亲则不能专制，不要试图控制一切，把孩子管得过死。对孩子干预、禁止太多，就会造成男孩胆怯、懦弱，不敢大声说话，不敢与人竞争。培养善良的男孩还要赋予他们勇气，在被欺侮压迫时敢于进行反击、保护自己，而不是等待老师或父母替他出头，永远把希望寄托在别人身上。

给父母“穷”养男孩的忠告

对于刚刚涉世的男孩来说，善心是他一切良好品质的源泉，唯有发挥出他善良的天性，他才能成为一个有良好品质的人。父母不要把善待别人看作是孩子软弱，要看到孩子的善良所带来的积极意义，要小心呵护孩子善良的天性，不要用成人对事物歪曲的见解影响孩子，让孩子用自己的善良净化世间的丑恶。

爱心，让男子汉更具生命质感

奉献一点儿爱心，去爱身边的人，是每个人都能做到的事。一句话，一个微笑，一束鲜花就足够了，对于自己没有任何损失，却给别人带来温暖，同时也会让自己的人生更加美丽绚烂。爱心能使人生更有意义，爱的反面不是恨，而是漠然。一个人如果失去了爱的能力，他的人生也会异常黯淡。

教育男孩要建立在爱的基础之上，让孩子充分感受到父母之爱，并对他们产生影响，让他们置身于爱的海洋中，学会“爱”，爱父母、爱朋友、爱老师、爱他人、爱集体、爱国家……

现在的孩子每天面对的是一个令人不安的世界，它充斥着暴力、毒品、残酷和不公正，所有这些都有可能让男孩丧失爱心，变得冷酷无情。孩子观看暴力影视剧越多，他们容忍恶行的可能性就越大，长期下去，孩子就会形成具有侵略性的价值观和行为，变得麻木不仁，对整个世界失去信心。云南大学生马加爵残忍地杀死同学的例子，在每一个人的心中敲响了警钟，提醒父母对男孩加强心理健康教育的同时，还要加强对孩子的爱心教育。

毛泽东的母亲文氏忠厚贤惠，心地善良，对贫苦人富有同情心，常常瞒着丈夫给贫苦乡亲接济粮食。她的这种美德对毛泽东的影响很大。

毛泽东有个堂叔生活非常困难，父亲想趁机买下他的水田，遭到母亲的强烈反对。不仅如此，母亲还常常带着毛泽东去偷偷接济这位穷本家。母亲的言行深深地影响了毛泽东，他耳濡目染，从小就对弱者具有同情心，并像母亲一样经常去帮助别人。

毛泽东读书后，一天，他向母亲提出要带着午饭到学校里去吃。母亲以为他是为了节省往返的时间和精力，同意了儿子的要求。但是以后连续几天，母亲发现儿子带的午餐一次比一次量多，晚上放学回家后仍旧是一副很饥饿的样子，不由担心儿子得了什么怪病。在母亲的询问下，毛泽东老老实实地告诉母亲，他们班上新来了一个同学，家里很穷，每天都没有午餐吃，总是挨饿，于是，他把自己的饭和这个同学匀着一起吃。母亲听了儿子的解释很欣慰，此后，每天都给儿子准备两个人的午饭，饭菜也越来越丰盛。

母亲这种乐于助人的品行，影响了毛泽东的思想和性格。

母亲对少年毛泽东的德育教育和熏陶让他一生都受益无穷。毛泽东幼年时就知道热心助人，懂得爱的奉献；新中国成立后，他仍然多次给生活困难的父老乡亲和师友寄钱，而自己则节衣缩食，吃穿很普通，生活相当俭朴。送人玫瑰，手有余香，毛泽东为所有人做出了榜样。

现在家庭里大多是独生子女，孩子在家中如众星捧月，父母更要警惕在这种环境下成长的孩子产生自私的倾向。常常可以看到，很多男孩面对一个跌倒的老人无动于衷；公共汽车上，看到孕妇不知道让座；看到路边的流浪狗捡起石头就砸；几个男孩子一起欺负一个弱小的孩子……爱心、同情心是一个人品德端正最可靠的保证，一个没有爱心、同情心的男孩不会去宽容、帮助他人，将来也无法在竞争日益激烈的社会中生存。因此，家长有责任为孩子营造一个有爱心的氛围，把孩子培养成有爱心、同情心的男子汉。

有道是："爱人者，人恒爱之。"先伸出自己的手，才能握住别人的手；有过被爱的深切感受，才能有爱别人的能力。家长想要培养出一个富有爱心的孩子，就要教孩子从小学会爱！

1. 在生活中培养孩子的爱心、同情心。比如，带孩子去敬老院看望孤寡老人；带孩子乘坐公共汽车时，给老人和孕妇让座，让孩子逐渐建立起爱心；等等。缺乏爱心和同情心的孩子，只知关心自己的快乐，无视别人的痛苦，甚至把自己的快乐建立在别人的痛苦之上，很容易形成人格缺陷。

2. 爱心、同情心的培养还需要家长对孩子进行移情训练。如让孩子把自己痛苦时的感受与别人在同样情境下的体验加以对比，换位思考，体会别人的心情，让孩子学会理解别人、体谅别人。

3. 培养孩子对万物生命的尊重。引导孩子把关爱的情绪扩展到人以外的事物，可以通过在家中养宠物，像猫、狗、鸟、鱼等，或是种几盆花草等植物，让孩子负责去饲养、换水、清理，在照顾动、植物的过程中，孩子逐渐了解了生命的意义，明白万物都需要受尊重的道理。

4. 家长给孩子树立榜样。家庭是孩子成长的沃土，父母是孩子的一面镜子，孩子的性格、品行首先是在家庭中养成的，家长的言行都会给孩子留下深刻的印象。因此，要培养孩子的爱心和同情心，父母要注意和别人融洽相处，与亲友、邻里之间互相帮助，互相关心。

总之，爱心需要从小培养，爱心教育是一个长期的潜移默化的教育过程。给男孩的心灵插上爱心的翅膀，让他成为一个有爱心、会关心、会生活、会学习的全面发展的人，使他将来更好地立足于社会。

给父母“穷”养男孩的忠告

爱心教育可以让孩子体察别人的困难，唤醒孩子的良知与感情，让孩子变得宽容并具有同情心，能够理解别人的需要，去帮助那些受到伤害和需要帮助的人。因此，家长在给予孩子爱的同时，也要不失时机地对他们进行爱心教育，努力让孩子的个性品质得到全面发展，从而使孩子更具生命质感，也让孩子拥有一个更加光明、辉煌的未来！